도쿄大 공부법

TODAISEI GA OSHIERU! SUPER ANKI JUTSU
by TOKUDA Wakako
Copyright © 2006 TOKUDA Wakako
All rights reserved.

Originally published in Japan by DIAMOND, INC., Tokyo.
Korean translation rights arranged with DIAMOND, INC., Japan
through THE SAKAI AGENCY and YU RI JANG LITERARY AGENCY.

도쿄大 공부법
© 들녘 2006

초판 1쇄 발행 · 2006년 10월 9일
초판 3쇄 발행 · 2006년 11월 15일

지은이_도쿠다 와카코
옮긴이_지세현
펴낸이_이정원
책임편집_김인경
펴낸곳_도서출판 들녘
등록일자_1987년 12월 12일
등록번호_10-156
주소_경기도 파주시 교하읍 문발리 파주출판문화정보산업단지 513-9
전화_마케팅 031-955-7374, 편집 031-955-7381
팩시밀리_031-955-7393
홈페이지_www.ddd21.co.kr

값은 뒤표지에 있습니다. 잘못된 책은 구입하신 곳에서 바꿔드립니다.
ISBN 89-7527-555-8 (03370)

도쿄大 공부법

도쿠다 와카코 지음 · 지세현 옮김

들녘

어떻게 해야 공부를 잘할 수 있지?

나는 고등학교 시절 공부하고는 담을 쌓은 학생이었습니다. 일주일 내내 농구부에서 농구를 하며 시간을 보냈습니다. 좋아하던 운동을 할 수 있어 행복했던 시절이었지만, 고3이 되니 주위에서 "공부는 언제 할 거니?"라는 걱정이 쏟아지기 시작했습니다.

그러던 어느 날 우연히 신문을 읽다가 눈을 뗄 수 없는 기사를 발견했습니다. 그것은 당시 국제연합 난민고등판무관이었던 오가타 마사코 씨가 쓴 기사였습니다.

오가타 씨는 세계를 무대로 열심히 일하고 있었습니다. '살아 있는 동안 그 누구에게나 기회는 온다'는 믿음을 갖고 난민이 살아갈 수 있는 현실적인 원조를 제공하려는 사명감으로 불타고 있었습니다.

나는 그녀에 대한 동경으로 가슴이 벅찼습니다. 기사 끝에는

4

오가타 씨가 도쿄에서 강연을 한다는 내용도 실려 있었습니다. '이 강연에 꼭 갈거야!' 라고 마음먹고 서둘러 강연 참가 신청을 한 후 특급열차를 타고 도쿄로 향했습니다. 그리고 실제로 오가타 씨를 직접 보고 강연을 들었습니다. 강연을 들으면서 나는 한 가지 결심을 했습니다.

국제연합에서 일한다는 목표가 그것이었습니다. 물론 그러기 위해서는 공부를 해야만 했습니다.

조사해보니 국제연합에서 일하는 사람들은 대부분 고학력자들이었습니다. 수준 높은 학교에서 깊이 있게 공부하지 않으면 안 되겠다는 생각이 들었습니다. 혼자 도쿄에 다녀온 나는 대담해졌습니다.

친구들과 선생님 그리고 부모님에게까지 내 생각을 말하고 다녔습니다.

"나는 도쿄대에 들어간다!"

하지만 돌아오는 반응은 한결 같았습니다.

"도쿠다! 도대체 무슨 말을 하는 거니?"

그 이후 도전은 시작되었습니다.

그전까지는 공부와 멀었던 나였기에 분명히 무모한 도전으로 보였습니다. 예상대로 첫 도전에서 실패를 하고 1년 동안 재수 생활을 했습니다.

원래 나는 암기 위주의 공부는 의미가 없다고 생각했었습니다. 암기보다는 복잡한 내용을 응용할 수 있는 힘을 길러야 한다고 믿었습니다. 하지만 너무나 처참한 모의고사 성적을 보면서 내 공부 방법에 뭔가 문제가 있다는 걸 깨달았습니다. 결국 내 생각을 바꾸지 않으면 안 되었습니다.

암기는 모든 학문의 근간이 된다. 기본적인 사항을 알고 있지 못하면 그 이후의 응용도 할 수 없다. 암기를 정복하지 않으면 공부는 시작도 할 수 없다.

나는 이렇게 생각을 바꾸고 암기를 기본으로 하는 효과적인 공부 방법을 찾아나갔습니다. 하지만 그 많은 지식을 한꺼번에 머릿속에 집어넣기란 여간 어려운 일이 아니었습니다.

매일매일 쉽고 즐겁게 암기할 수 있는 방법은 없을까 생각했습니다.

그리고 그 결과, 당당히 도쿄대에 입학할 수 있었습니다!

도쿄대에 들어가서 알게 된 것은 도쿄대생이라고 어려서부터 공부만 한 사람들이 아니라는 사실이었습니다.

보기만 해도 어지러운 돋보기안경을 쓴 사람들이 대부분일 거라고 생각했었는데, 친구들과 취미도 즐기면서 적은 시간에 효과적으로 공부를 할 줄 아는 학생들이 많았습니다. 저마다의 암기 방법이 있었던 것입니다.

이 책에서는 나뿐만 아니라 내 친구인 도쿄대생들이 즐겨 사용하는 효과 좋은 암기 방법을 공개하려고 합니다. 이 방법들은 내가 도쿄대에 입학한 후 가정교사나 학원에서 아르바이트를 하며 학생들을 가르쳐보고 성과를 올린 방법들도 상당히 많습니다. 사실 암기에는 핵심 포인트가 있습니다.

그것만 완벽하게 몸에 익힌다면 누구나 암기의 달인이 될 수 있습니다.

암기력이란 누구나 갖고 있는 능력입니다. 태어날 때부터 우리들은 그 능력을 사용해 실패와 성공을 경험하고 살아가는 지혜를 깨달아 지금에 이르고 있습니다. 머리가 좋고 나쁨을 떠나 '어떻게 암기하는가'가 중요한 문제입니다.

그리고 암기력은 시험이나 인생의 중요한 시점에서 두뇌 회전만으로 처리할 수 없는 부분들을 보충해줍니다. 실제로 머릿속에서 생각하는 보조 수단으로 암기는 굉장히 중요합니다. 머리가 나쁘기 때문에 암기할 수 없는 것이 아닙니다.

어렵게 생각할 필요는 없습니다. 즐거운 기억은 또렷이 기억하고 있지 않습니까?

우리들은 즐거운 일과 기쁜 일을 분명하게 기억하고 있습니다. 암기하는 자체를 '즐겁다'고 생각할 수만 있다면 암기력은 자연히 향상됩니다.

이 책에서는 내 수험 생활 경험을 바탕으로 다양한 암기 방법을 설명하고 있습니다. 중학생과 고등학생이 이해하기 쉽도록 간단하고 재밌게 내용을 전달하려고 노력했습니다.

물론 여기에 언급한 방법들이 전부는 아닙니다. 사람에 따라서는 자신에게 맞는 것과 맞지 않는 방법이 있을 수 있습니다. 수험생에게 도움이 되는 방법은 자격시험이나 입사시험에도 그대로 응용할 수 있습니다. 입시생에 그치지 않고 다양한 연령과 입장에 있는 분들에게 참고가 되었으면 좋겠습니다.

암기는 내 인생을 바꿔 준 엄청난 마법이었습니다. 여러분에게도 이 책이 조금이라도 도움이 되어 목표를 실현하는 데 보탬이 된다면 그보다 큰 기쁨은 없겠습니다.

차 례

차 례

2단계 단순한 것을 외운다

3단계 **테크닉을 기른다**

4단계 복잡한 내용을 외운다

5단계 암기를 습관화한다

1단계

누구나 암기의 달인이 될 수 있다!

1. 핵심만 파악하면 암기는 간단!

지금부터 숫자 몇 개를 나열해보겠습니다.

1 4 1 4 2 1
1 7 3 2 0 5

이 숫자들을 10초 안에 외워보세요. 시간을 잽니다!

십, 구, 팔, 칠…… 땡! 자, 대답해 보세요.

어때요? 외우셨나요? 사실 위에 있는 숫자들을 일, 사, 일, 사, 이…… 이런 식으로 외우려고 하면 쉽지 않습니다. 보통 사람이 한 번에 외울 수 있는 숫자의 한계는 일곱 개 정도라고 합니다. 그래서 전화번호도 시외국번을 제외하고 대부분 일곱 개나 여덟 개로 되어 있습니다. 따라서 열두 개나 되는 숫자를 바로 외우기란 참 힘든 일입니다. 하지만 암기를 잘하는 사람은 10초 정도면 이 숫자들을 거뜬히 외워버립니다. 어떻게 그것이 가능할까요?

우선 생각할 수 있는 방법은 숫자를 일정하게 끊어서 묶는 것입니다.

(1, 4, 1, 4) (2, 1) (1, 7, 3) (2, 0, 5)

이보다 효율적인 방법은 가락에 맞춰 기억하는 것입니다.

(하네하네) (이일)을 (한칠삼) (이영오)가

이런 식으로 생각한다면 10초 만에 충분히 외울 수 있을 것 같지 않나요? 어떤 사람은 '뭐야! 그런 방법이야!' 하고 대수롭지 않게 생각할 수도 있겠습니다. 그러나 도쿄대에 다니는 학생들도 사실은 이렇게 초보적인 방법을 응용해 많은 양의 정보를 암기할 수 있는 것입니다.

1 4 1 4 2 1, 1 7 3 2 0 5는 $\sqrt{2}$와 $\sqrt{3}$의 근의 값입니다. 이렇게 긴 숫자를 곧바로 암기하기란 쉬운 일이 아닙니다. 이건 머리가 좋은 사람이나 나쁜 사람이나 모두 마찬가지입니다.

그렇지만 숫자를 몇 개의 묶음으로 나누고 그 묶음에 리듬과

의미를 넣어 외우는 방법은 암기의 '실마리'를 만들어 준다는 장점이 있습니다.

암기의 핵심 포인트란 바로 이런 것입니다. 실마리가 있으면 필요한 때 정확한 내용을 기억에서 되살릴 수가 있습니다.

단, 공부할 때 필요한 암기력이란 '2차대전＝1939년 시작'처럼 단순한 것만이 아닙니다. 복잡한 계산 과정이라든가 수많은 영어 단어를 조합하는 변화들이 있습니다. 그러나 기본적인 방법은 똑같습니다.

기억하세요! 쉽게 외우기 위해서는 공부하면서 나중에 기억해 내기 위한 실마리를 다양하게 준비해야 합니다.

지금부터 그 방법들에 대해 설명할 테니 외워야 할 내용에 따라 그에 맞는 방법을 사용해 공부한다면 반드시 효과를 볼 수 있을 것입니다.

그리고 또 한 가지 중요한 사실! 암기를 할 때 **실마리**를 생각해 보는 작업은 공부를 즐겁게 만들어줍니다. 진짜라니까요~

그저 1 4 1 4 2 1 1 7 3 2 0 5라는 숫자를 머릿속에 집어넣으려고 하는 것보다 음을 붙여 의미를 만들어보는 과정이 훨씬 재미 있을 것입니다.

자신이 만들어낸 '한칠삼' '이영오'라는 사람이 즐겁게 일하고 있는 모습을 그려보면 이 책을 다 읽을 때까지 그 이미지가 머릿속에서 떠나지 않을 수도 있습니다.

따라서 암기의 달인은 공부를 즐기는 사람이라고 할 수 있습니다. 이것이 바로 암기의 일석이조 효과입니다!

2. 암기는 누구나 할 수 있다!

구구단을 생각해봅시다. 여러분 모두 구구단을 알고 있지요? 모두들 그런 단순하고 무미건조한 계산을 어떻게 외울 수 있었을까요? 누구나 처음에는 쉽지 않았을 것입니다.

혹시 구구단을 외우기 위해 여러 가지 방법을 궁리해보았다던가 하는 기억이 있나요? 여기에 암기의 핵심 포인트가 있었다는 사실을 아십니까?

구구단은 전부 81개가 있습니다. 그 중에서 일부러 암기하지 않아도 되는 것들은 생략해봅시다. $1 \times 1 = 1$, $1 \times 2 = 2$ 같은 1단이 그렇지요. 그러면 외워야 할 것은 72개가 됩니다. $2 \times 1 = 2$와 $3 \times 1 = 3$ 같은 것도 간단하니까 제외시킵니다. 그러면 남은 것은 64개.

자, 2단부터 외어보도록 합시다. 이이는 사, 이삼은 육, 이사

팔…… 이구 십팔. 누구나 다 이렇게 외웠을 것입니다.

하지만 이러한 방법도 그 항목이 많아지면 쉽지 않습니다. 일단 2단의 답에 주목해봅시다. 둘씩 증가하는 것을 알 수 있지 않나요? 바로 그렇습니다. 여기서 각 항목에 의미를 만들어봅시다. 이사 팔, 이사할 때는 팔로 짐을 나른다. 이륙 십이, 비행기 이륙(착륙)할 때 시비(위험하다)가 생긴다.

억지스러워 보이지만 이런 것들이 암기에 도움을 주는 **실마리**를 만드는 작업입니다. 다음은 반복입니다. 의미 부여에 리듬까지 넣으면 기억하기 쉬워집니다.

이륙 십이, 이칠 십사, 이팔 십육, 이구 십팔…….

이렇게 2단이 끝나면 나머지는 56개. 다음은 3단입니다.

2단과 3단은 그래도 쉬운 편입니다. 어려운 것은 7단과 8단 등이지요. 하지만 기억해보세요. 7단과 8단을 암기하기 위해 투자한 시간을……. 기억하기 쉬운 것에 시간을 절약하고 외우기 어려운 항목에 시간을 할애하는 것도 방법 중 하나입니다.

게다가 $7 \times 2 = 14$와 $7 \times 3 = 21$은 2단과 3단에서 외웠던 항목, 2×7과 3×7의 숫자를 바꾸면 되니까 그렇게 어려운 문제가 아닙니다. 이렇게 생각해보면 7단에서 외워야 할 것은 $7 \times 7 = 49$, $7 \times 8 = 56$, $7 \times 9 = 63$ 등 3개. 그렇다면 6단이 끝난 시점에서 생각해볼 항목은 겨우 여섯 개에 불과합니다.

더욱이 5단은 다섯씩 증가하기 때문에 끝자리 수에는 반드시 0 또는 5가 오게 됩니다. 여기에 4×4, 5×5, 6×6 등 같은 수의 곱만을 기억하면 됩니다.

9단의 경우, 십의 자리 수는 1씩 증가하고 끝자리 숫자는 반드시 1씩 줄어듭니다. 이러한 방법들을 고려해볼 때 81개의 항목들을 외우는 데도 다양한 기법들을 응용할 수 있다는 것을 알 수 있습니다.

이들을 적절하게 조합하여 실마리를 만들고 여기에 이이는 사, 이삼은 육…… 이런 식으로 리듬을 넣으면 보다 쉽게 암기할 수 있습니다.

이것이 암기의 핵심 포인트입니다.

3. 실마리를 어떻게 만들까?

그렇다면 암기할 때 만드는 **실마리**란 어떤 것일까요?

인터넷 사이트를 생각해보면 쉽게 이해할 수 있습니다. 예를 들어 당신이 홈페이지를 만들었더라도 야후 같은 포털 사이트에 주소가 올라 있지 않다면, 모르는 사람은 아무도 찾아오지 않을 것입니다.

1 4 1 4 2 1 1 7 3 2 0 5라는 숫자를 그대로 머릿속에 집어넣는 일과 다를 바 없습니다. 아무리 숫자 하나하나를 정성껏 읽는다 해도 기억이 쉽게 나지 않을 것입니다.

이에 반해 생일이나 기념일 등과 연관 지어 기억을 하거나 리듬을 넣어보면 어떨까요?

물론 숫자뿐만 아니라 여러 가지 정보와 관련을 지어보고 앞에서처럼 어떤 그림을 연상하면서 '하네하네 이일(을) 한칠삼 이영오(가)' 식으로 만들 수 있습니다.

그래서 쉽게 기억할 수 있게 되는 것입니다.

사실 우리는 일상생활 속에서 이런 방법을 곧잘 이용하며 살고 있습니다.

가령, 학교의 친구들 또는 직장 동료 아니면 주변 사람들과 오늘 하루 동안 이야기한 한마디 한마디를 모두 기억해낼 수 있나요? 그리고 그 당시 주변에서 들렸던 잡음과 차 소리, 전철 속에서 승객들이 주고받던 대화들을 기억할 수 있나요?

물론 불가능합니다. 도쿄대를 수석으로 들어간 사람이라도 그런 일은 불가능할 것이라고 생각합니다. 그러나 재미있었던 이야기, 흥분했던 이야기, 싸웠을 때의 이야기 등은 선명하게 기억하고 있지 않습니까?

"그래, 그 가게 케이크 굉장히 맛있었지!"
"어머, 누가 너를 좋아한다고?"

이런 이야기는 잘 잊혀지지 않습니다. 그리고 그 당시의 상황 등이 의외로 잘 기억이 납니다. 이처럼 정보가 어떤 형태의 체험과 감동을 동반해 실마리가 되어 연결됨으로써 기억 속에 자리하게 됩니다.

그러면 시험을 앞둔 시점에서의 공부를 생각해봅시다. '난 항상 열심히 공부하기 때문에 특별히 할 게 없어'라고 말할 수 있는 사람은 드뭅니다. 대부분의 사람들이 시험 전에는 조금이라도 공부를 하려고 합니다. 나 역시 시간에 쫓겨 밤샘을 해본 적도 많습니다.

그런데 왜 공부를 해야만 할까요? 그 이유는 수업 시간에 배운 것을 확인하기 위해서입니다. 시험 전에 새로운 내용을 알려고 한다면 그것은 잘못된 생각입니다.

왜냐하면 시험 전의 공부는 실마리를 만드는 작업이기 때문입니다. 수업 시간에 아무리 내용을 잘 들었어도 정작 시험 직전이 될 때쯤에는 잊어버리고 있기 쉽습니다. 그래서 시험 볼 때 기억하기 위해 확인해보고 연결시켜 놓는 작업이 필요합니다. 요점은 바로 이것입니다.

그렇다면 수업 중에 실마리를 만들어 놓으면 시험 보기 전에 필사적으로 공부할 필요가 없다는 이야기가 된다는 것? 맞습니다.

"그러면 수업을 들을 때 기억해두어야 합니까?"

이론적으로는 그렇습니다. 이제부터 자세한 설명을 해보겠습니다.

4. 잊고 싶어도
잊을 수 없게 하라

　여러분이 시험 전 공부를 할 때 '어, 이거 언젠가 들어 본 적 있는데……'라고 생각해본 적은 없나요?

　평상시와는 달리 수업에 열중하였던가 아니면 그 당시 선생님의 이야기가 특별히 재미있었을 수도 있습니다. 그렇지 않으면 나름대로 관심을 갖고 있던 내용일지도 모릅니다.

　이것은 수업 중에 어떠한 형태의 '실마리'가 만들어져 있었던 것으로 공부하는 사이 그것을 인식하게 된 것입니다. 이런 경우 실제 시험에서 틀릴 염려가 거의 없습니다.

　게다가 '어, 들어본 적이 있어'라고 생각하는 경우는 공부 이외에도 여러 가지 형태로 머릿속에 자리잡고 있습니다.

　예를 들어, 세계사에서 "프랑스 혁명으로 혼란했던 국내 정세를 안정시키고 1804년 황제에 즉위하여 스페인, 네덜란드, 독일, 이탈리아까지 그 세력을 확장한 인물은 누구인가?" 하는 문제가 나왔다고 해봅시다. 답은 '나폴레옹'인데 많은 학생들이 이 문제는 잘 틀리지 않을 것입니다. 왜냐하면 특별히 수업시간에 듣지 않았더라도 어딘가에서 나폴레옹에 대해 들어본 경험이 있기 때문입니다.

즉, '내 사전에 불가능이란 없다'는 명언이나 하루 3시간밖에 자지 않았다는 등의 이야기라든가 인물과 관련된 일 외에도 술 이름 등으로도 잘 알려져 있기 때문에 나폴레옹에 대해 새삼 실마리를 만들려고 열심히 노력하지 않아도 우리들의 기억 속에 선명하게 자리하고 있는 것입니다.

그러면 같은 세계사에 나오는 중요한 내용이라도 '베르베르족'이라면 어떨까요?

세계사책에 보면 '이슬람화 되기 전부터 북아프리카에 살던 민족'이라고 설명되어 있습니다. 당연히 주변에 베르베르족에 대하여 알고 있는 사람도 그다지 많지 않고 물론 일상생활에서 화제가 되었던 적도 흔치 않았을 것입니다.

아마도 수업 시간에 처음 들었다고 하는 학생들이 대부분이었을 것입니다. 그러면 이런 것은 어떻게 기억할 수 있을까요? 바로 이미지를 만들어주면 됩니다.

예를 들어, 베르베르라는 말과 비슷한 '메롱메롱'을 떠올리면서 길고 큰 혀를 가진 종족이라는 이미지를 상상해보고 낙서를 해봅니다. 또한 유목민이니까 낙타를 끌고 아프리카의 사막을 횡단하는 모습 등을 떠올려봅니다.

초점에서는 벗어나지만 "베르베르족은 벨을 좋아하는 음악 민족입니까?"라는 둥 엉뚱한 질문을 해 주위의 시선을 받는다든지……. 이런 행동은 다른 사람들의 웃음거리가 되기는 하지만 그런 경험을 해보면 좀처럼 잊혀지지 않는 기억이 됩니다. 단, 메롱메롱을 기억하는 게 아니라 베르베르족에 대한 사실을 잊지 않는 것이 필수입니다.

농담이 아니라 이렇게 잊혀지지 않는 이미지를 만드는 작업이 '실마리'로 연결되는 것입니다. 물론, 모든 단어를 이처럼 간단하게 외울 수는 없지만 다양한 시도를 하다 보면 암기가 더욱 쉬워질 수 있습니다.

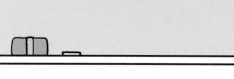

5. 왜 기억하는지를
기억하라

수행하듯이 묵묵히 단어를 암기한다.

기계적으로 화학방정식을 암기한다.

이렇게 외우는 방법은 상당히 어려운 일입니다. 우리들의 뇌는 아무런 의미 없는 말과 숫자의 배열을 언제까지나 기억하고 있을 수 없습니다. 사람의 기억 능력은 무엇을 위하여 존재할까요?

해마* 연구로 유명한 이케다니 박사는 '인간이 살아가기 위해 필요한 정보를 저장하기 위해'라고 설명합니다.

고등학교 생물책에는 동물학자 로렌츠가 말한 '각인imprinting'에 대한 내용이 나옵니다. 갓 태어난 오리가 처음으로 본 움직이

---

* 해마hippocampus-기억을 저장하고 떠올리는 데 중요한 역할을 하는 기관으로, 뇌 안에 있다.

는 생물을 엄마라고 기억하는 학습 행동에 관한 것입니다.

일본에서도 비슷한 일이 있었습니다. 삐삐라는 이름의 귀여운 집오리 새끼가 인기를 끌던 동물원에 놀러 간 두 아이가 삐삐와 또 다른 집오리 알을 집으로 가지고 갔습니다. 동물원에서는 큰 소동이 일어났고 나중에 두 아이의 어머니가 잘못을 사과하며 돌려주러 왔지만 알은 이미 부화해서 새끼 오리가 태어났습니다.

삐삐는 수많은 집오리 가운데에서도 곧바로 자신의 엄마 집오리를 발견하고 따라갔습니다. 하지만 알에서 갓 태어난 집오리 새끼는 누가 자신의 엄마인지 모르고 외롭게 울기만 했습니다. 새끼 집오리가 태어나자마자 본 얼굴은 알을 가지고 갔던 아이들이었기 때문에 집오리는 두 아이 중 하나를 자신의 엄마로 기억해버린 것입니다.

이와 같이 태어나서 처음 본 얼굴을 기억할 수 있는 이유는 생존을 위해 필요하기 때문입니다. 갓 태어난 오리는 순간적으로 자신의 엄마를 기억하지 못하면 먹이를 얻을 수 없습니다.

이것은 조류들만의 특성이 아닙니다. 쥐와 개도 효율적으로 먹이를 얻는 방법과 적으로부터 도망치는 방법을 성공과 실패의 경험을 바탕으로 기억해갑니다.

인간 역시 마찬가지입니다. 우리가 느끼지 못하는 사이에 걷는 방법과 밥을 먹는 방법을 열심히 기억했을 것입니다. 우리들의

뇌는 살아남기 위해 필요한 정보를 최우선으로 기억하도록 되어 있습니다. 그러면 학교에서 배우는 학습 정보는 어느 정도의 우선권이 있을까요?

지금도 '학교 공부가 정말 필요한가?'라는 논의가 있을 정도니까 이것은 생존이라는 관점에서 보면 미묘한 부분이 아닐 수 없습니다. 특히 그것이 자신의 생활과 그다지 관련이 없는 이름이라든가 많이 쓰이지 않는 숫자라면 우리의 뇌가 그것을 듣는 순간 바로 무시해버리는 일도 어쩌면 당연합니다.

그렇다면 어떻게 해야 할까요?

간단한 것, 자신과 관계가 있는 사항과 흥미를 갖고 있는 것, 그리고 **친숙하게 기억하고 있는 지식과 연결** 지으면 됩니다. 시험 전에 얼마나 많은 정보를 기억할 수 있는지는 모두가 이런 관련성과 연결되어 있다고 해도 과언이 아닙니다.

6. 주변에 넘치는 기억의 힌트

사실 암기의 달인이라는 사람들도 다른 정보들과 관련짓는 방법을 이용하고 있습니다. 혹시 〈암기 세계선수권 대회〉가 있다는 것을 아세요?

우선 한 세트의 카드를 준비하고 어지럽게 섞어 놓습니다. 그리고 한 장씩 뽑는 카드를 얼마나 기억해내는지 보는 경기입니다. 놀랍게도 암기의 달인들은 카드 52장 전부를 단 3분 정도에 외우고 2분 만에 대답하는 신기를 보여줍니다.

그들은 도대체 그 많은 카드를 어떻게 기억할까요?

생각해보면 하트4 또는 클럽에이스 등은 그 자체로는 어떠한 의미도 없는 기호로 이루어진 정보에 지나지 않습니다. 따라서 그 상태로 기억하기란 굉장히 어려운 일입니다.

그래서 곧잘 이용되는 방법이 카드를 일단 다른 정보로 바꾸어 기억하는 것입니다. 예를 들어 스페이드퀸은 동생, 클럽2는 부엌, 다이아몬드10은 낚시 등등. 그리고 세 장씩 세트로 이야기를 구성합니다. 위의 순서대로라면 '동생이 부엌에서 낚시를 하고 있다'는 식으로요. 이것을 머릿속에서 그림으로 생각해보고 카드 세 장을 순간적으로 암기하는 것입니다. 이런 연결이 익숙해지면 충분히 가능한 방법입니다. 똑같은 '치환'이 입시 공부에도 적용됩니다.

- 실마리를 만들면 또 다른 의미가 가능하지 않을까?
- 주변에 닮은 것은 없을까?
- 세계사에 등장한 인물들을 내 주변 인물들과 바꾸어보면?
- 단어를 연결해 이야기를 구성해보면?

구체적인 방법은 지금부터 설명할 것입니다. 하지만 연결 짓는 것은 그것들이 본래부터 갖고 있던 정보뿐만이 아닙니다. 그 상황에서 만들어지는 '체험'과도 연결이 가능합니다. 즉, 좋아하는 선생님에게 물어본 내용은 좀처럼 잊혀지지 않습니다. 이것 역시 외운 정보가 '강력한 체험'과 이어졌기 때문에 기억에 남는 것입니다. 매운 맛을 냈던 요리는 기억하기 쉽지만 보통의 요리는 잘 기억하지 못합니다. 이런 경우도 같은 맥락입니다.

물론 내가 필요할 때마다 좋아하는 선생님이 옆에 있는 것도 아니고 같은 경험이 계속된다면 특별할 것도 없습니다. 그러나 어느 정도 '독특한 경험'을 스스로 만들어 낼 수는 있습니다.

- 다른 사람에게 말해 특별한 기억으로 남게 할 수 없을까?
- 독특한 방법으로 필기하면 인상에 남지 않을까?
- 외운 것을 바탕으로 간단한 놀이를 해보면?
- 그 밖에 일상생활에서 공부한 것과 연결 지을 수 있는 체험을 해보면?

이것만으로도 많은 방법을 만들 수 있다는 깨달음을 얻었을 것입니다. 구체적인 방법은 다음 장에서 자세하게 설명하겠습니다. 기대해주세요!

7. 결과에 집착하자

앞에서 말한 것과 같은 일종의 '격렬한 체험'이 아니더라도 '노트 정리'라든가 '말해 보기' 같은 간단한 방법으로 효과적인 암기를 할 수 있습니다.

외우는 것을 별로 좋아하지 않는 사람들의 이야기를 들어보면 입력만 하고 출력을 하지 않는 경우가 많습니다.

즉, 수업 시간에 들은 내용을 반복해서 보거나 교과서를 여러 차례 읽어보는 등 '읽기'에 치중해 무조건 머릿속에 입력하는 학습방법에 의존한다는 것이 문제입니다.

이래서는 쉽게 외울 수 없습니다. 나는 암기를 할 때 출력이 절대적이라고 생각합니다. **써보기** 또는 **소리내서 읽기**라는 출력 방법인데, 특히 자신의 손으로 직접 정리해보지 않고 그 방대한 양의 지식을 시험 전에 외우기란 결코 쉬운 일이 아닙니다. 어떤 사람은 이렇게 말할 수도 있습니다.

"노트에 써보는 건 누구라도 해보는 일이잖아!"

하지만 이것은 단순히 복사하는 일이나 중요한 내용을 '글자로 바꿔 기술하는 것'과는 의미가 다릅니다.

"뭐라고? 그렇다면 글자로 써보는 일 이외에 다른 어떤 노트법이 있어?"

당연히 있지요! 다음과 같은 방법은 어떤가요?

- 그림으로 그려본다
- 도표를 그려본다
- 색을 칠해본다
- 자르거나 붙이거나 만들어본다

특히, 네 번째의 '자르거나 붙이거나 만들어본다'에 관해 설명하자면 나는 시험 보기 전에 다양한 '도구'를 만들었습니다. 그것이 어떤 도구인지는 나중에 언급하겠지만 이 도구를 만드는 일 자체가 강렬한 경험이 되어 '실마리'로써 머릿속에 기억되었습니다. 물론, 도구를 사용하면 공부도 재미있어지고 그 효과 또한 아주 뛰어납니다.

단순히 노트에 끄적거리는 것만으로는 재미가 없습니다. 집중력이 떨어지고 써보는 일 자체가 체험이라는 인식이 사라지게 됩니다. 따라서 암기도 제대로 되지 않습니다.

덧붙이면 '문제를 푼다'는 것도 중요한 출력 방법의 하나입니다. 문제를 풀고 스스로 채점을 해보면서 ○표와 ×표를 통해 성취감과 후회를 느끼며 학습내용에 내 기분이 합쳐지는 경험을 맛볼 수 있습니다. 하지만 내게 맞는 문제집을 찾아내기란 쉬운 일이 아닙니다.

그렇다면 간단한 문제 해결 방법이 또 있습니다.

● **자신에게 딱 어울리는 문제집을 만든다.**

어렵게 생각할 수 있어서 말을 바꾸어보겠습니다.

● **기억하기 위한 퀴즈를 만들어보자!**

이 방법도 암기에 특별한 효과가 있습니다.

8. 인간은 망각의 동물

　다른 정보와 연결 지어 보거나 즐겁게 출력해보는 등의 방법을 사용해봐도 여전히 암기가 그리 쉽지만은 않습니다.

　도대체 왜? 어떠한 기억도 인간은 곧 망각하게 되어 있기 때문입니다. 정말 골치 아픈 일이지요.

　나 역시 시험 볼 때마다 '이게 뭐였지!' 하면서 허둥댄 적이 한두 번이 아닙니다.

　'일단 기억한 것은 절대 잊어버리지 않는 컴퓨터 같은 뇌를 갖고 싶어!'

　하지만 실제로 사람의 뇌가 이렇게 된다면 정말 큰일입니다. 다쳤을 때의 아픔이나 실연의 충격 등 그 순간의 감정을 죽을 때까지 안고 살아야 하기 때문입니다. 망각 역시 인간이 살아가기 위해서는 필수 불가결한 능력입니다.

아침에 일어나 저녁에 잘 때까지 우리의 뇌에 들어오는 정보의 양은 어마어마합니다. 전철에 타고 있던 한 사람 한 사람의 얼굴에서 신문에 실린 기사 하나 하나까지. 또한 몇 번 눈을 깜빡였는지 하품을 몇 번 했는지와 같은 불필요한 정보까지 머릿속에 남아 있게 된다면 우리는 공황 상태가 될지도 모릅니다.

실제로 '루리아 병'이라는 뇌의 증상은 모든 정보를 전부 기억할 수 있다고 합니다. 이 병에 걸린 사람은 현실과 허상의 세계를 구분하지 못하며 노이로제 증상에 시달리게 됩니다. 그렇게 되면 공부가 중요한 것이 아니지요.

다시 말해서 우리 인간의 뇌는 필요한 정보와 그렇지 않은 정보를 선별해서 뇌에 남겨 놓게 됩니다. 무엇을 위해 필요한가는 앞에서 언급했듯이 '사는 데' 필요한 정보가 되는 것입니다.

그렇다면 우리 뇌는 어떤 정보가 생존에 필요한지를 결정하고 판단할까요? 물론 '먹고' '위험을 피하고'와 같이 직접 생사에 직결된 정보를 말합니다. 여기에 덧붙여 '여러 차례 반복해서 입력되는 정보'도 필연적으로 중요성이 큽니다. 그 정도로 반복해서 입력되는 정보라면 우리의 뇌는 살아가는 데 필요한 정보라고 판단하게 됩니다.

예를 들어, 내 이름 와카코和嘉子에서 嘉라는 글자를 쓸 수 있는 사람은 적습니다. 고유명사이기 때문에 좀처럼 이 글자를 쓸 기회가 없으니까, 뇌는 '필요하지 않은 정보'라고 생각해 쉽게 무시해버립니다.

하지만 나는 내 이름을 잊은 적이 없고, 내 친구들 역시 이 글자를 잘 씁니다. 주변에 있다는 이유로 그만큼 이 글자를 접할 기회가 많아지기 때문입니다. 따라서 '이 글자는 잊어서는 안 되는 글자다!'라고 뇌가 자연스럽게 특별 설정을 해줍니다.

결론은 이미 나왔습니다!

잊지 않기 위해 중요한 것은 **반복**입니다. 특히 **암기**라는 작업을 수없이 반복하는 과정이 중요합니다.

"그 정도는 알고 있어요. 근데 끈기가 부족한 걸 어떡해요!"

그렇다면 왜 끈기가 부족해지는 것일까요? 지겹고, 지루하고, 고통스럽고…… 등등. 이것이 문제라면 간단합니다. 외우는 자체가 즐겁다면 문제는 해결!

9. 암기가 즐거워!

암기는 즐겁게 할 것!

이미 여러 차례 말했듯이 이 책을 활용할 때 가장 중요하게 새기고 있어야 할 단어가 바로 '즐거움'이라는 말입니다.

공부, 그 자체가 즐겁다면 아무런 문제가 발생하지 않습니다. 예를 들어, 비디오 게임을 하고 있다고 칩시다. 게임에 몰입하고 있는데 어머니가 물건을 사오라는 심부름을 시킨다면 여러분은 게임에 열중한 나머지 아무 소리도 들을 수 없습니다. 이 경우 시간 개념조차 없을 수 있습니다.

좋아하는 사람과 함께 있을 때, 친구와 즐겁게 이야기하고 있을 때, 좋아하는 스포츠에 빠져 있을 때 너무나 재미있는 책을 읽고 있을 때 등은 지루하다거나 고통스럽다는 생각이 들지 않습니다.

"그렇지만 암기는 그런 것들과 달리 재미있지 않은데……."

이렇게 생각할 수 있습니다. 그러나 실제로 공부는 자신이 흥미와 관심을 갖고 지식을 늘리는 작업이라고 생각하며 즐길 수 있는 일입니다. 필요한 지식을 외울 수 있다면 자신이 한 단계 업그레이드 되는 것이므로 분명 즐거운 일이 아닐까요. 시험과 입시를 위해 또는 필요한 자격을 따기 위해 어쩔 수 없이 한다는 생각들이 먼저 자리 잡고 있기 때문에 고통스러워집니다.

물론 생각을 바꾸기란 쉽지 않은 일입니다. 나 역시 마찬가지였습니다. 그래서 몇 가지 궁리를 했습니다.

첫째는 심리적인 방법입니다. **성취감**을 느껴봅시다.

- **시험에 성공한 자신을 자꾸 상상해본다.**
- **하나의 성과를 내면 스스로 격려해준다.**
- **격려뿐 아니라 칭찬도 해준다.**

특히 격려는 자주 해주는 것이 좋습니다. 이를테면, 이런 말들입니다.

- **역시 하면 된다니까!**

● 나는 천재야!

다른 사람이 해주는 말이 아니더라도 어떻습니까. 의도적으로라도 결과가 나오면 그 결과에 즐거워하는 마음을 갖는 것이 무엇보다 중요합니다.

지금까지 풀리지 않던 문제를 풀었을 때 '아주 잘했어!'라고 큰소리로 외쳐보면서 어느 정도 유난 떠는 것도 필요합니다.

격려도 효과적으로 사용하면 아주 유용합니다. 여기까지 하고 친구와 놀기, 데이트하기 또는 물건 사기, 맛있는 음식 먹기 등등의 격려가 도움이 됩니다. 단, 지나치면 기준이 모호해지기 때문에 적당한 선에서 실행하는 것이 중요합니다.

물론 그 정도로 외우는 일이 즐거워진다면 누구나 쉽게 할 수 있을 것입니다.

그래서 제2의 기술적인 방법이 필요합니다.

기억하는 과정을 게임화하는 겁니다. 무리해서라도 외우는 과정을 '이상하게' 만들어봅시다.

● 몸을 움직이며 해본다.
● TV 또는 만화 등 자신이 좋아하는 것들과 연결 지어본다.

구체적인 내용은 2단계에서 자세히 설명하기로 하겠습니다.

어느 경우이든 여기서 이미 언급한 생각과 아이디어를 모두 아우른 것이 앞으로 설명할 여러 가지 암기법입니다. 누구라도 할 수 있습니다. 어렵지 않으니까 즐거운 마음으로 같이 해봅시다!

2단계

단순한 것을 외운다!

방법 1 의미 부여하기

1. 도쿄대생은 의미 부여 하기의 천재?

1단계에서는 실마리가 될 만한 것을 만들라고 이야기했습니다. 시험공부를 하다 보면 '의미와 이유는 어떻든 상관없으니 무조건 외워라!' 하는 말을 종종 듣습니다.

- 조선 건국은 1392년
- argue는 논쟁하다
- 고문(古文)에서 '온'의 의미는 '백 년'

단순히 1392라는 숫자에는 의미가 없습니다. 물론 시간의 흐름은 있지만 1392년을 후세의 학생들이 외우기 편리하게 하기 위해 그 해에 조선이 건국된 것은 아닙니다. 당시 정세의 흐름에 따라 1392년이 되었을 뿐입니다. 단어 역시 마찬가지입니다. 이유를 생각해본들 특별한 의미는 없습니다. 옛날 사람들이 백 년을 '온'이라고 했을 뿐이고 미국이나 영국 사람들도 '논쟁한다'를 'argue'라고 말했을 뿐입니다. 외우는 사람이 그것을 자기 나름대로 머릿속에 집어넣는 방법 밖에는 없습니다.

그러나 문제는 잘 외워지지 않는다는 것입니다!

그렇다면 다른 단어로 바꾸어서 외워보도록 합시다.

이것이 '의미 부여하기'의 이유입니다. 원래 의미가 없는 것이므로 의미를 부여한다고 해서 틀릴 것은 없습니다. 외우기 위한 기본 원칙만 생각하면 됩니다.

- 상대방이 내 말을 안 들어주니 '에구(argue)' 이를 어쩌나!
- '온'의 경우 '혼(온)백'

자, 그렇다면 도쿄대에 시험칠 정도라면 어떤 수준일까요?

'의미 부여하기는 잘못된 방법이다!'라고 말할 수 없습니다. 실제로 도쿄대에 합격한 우수한 인재들은 의미 부여하기의 천재들입니다. 그러면 천재급의 의미 부여하기는 보통과 어떻게 다를까요?

다음의 내용들을 생각해보면 도움이 될 것입니다.

- <u>스스로 만든다</u>

- **기존의 개념을 부순다**

- **최악의 경우라도 처음 한 글자는 기억하고 있다**

- **의미 같은 것은 무시한다**

- **외울 수만 있다면 무엇이든 가능하다**

다음 장에서 위 내용들을 찬찬히 살펴봅시다.

^{방법} 1 의미 부여하기

2. 외우기 쉬운 말에 숨겨진 비밀

모르는 사람들끼리 갑자기 모임에 참여하게 되었습니다. 그래서 한 사람씩 자기소개를 하기로 했습니다.

한 번에 모든 사람들의 이름을 외우기란 그리 쉬운 일이 아닙니다. 하지만 금세 외워지는 이름도 있습니다.

여러분은 어떤 이름을 쉽게 외울 수 있나요?

예를 들어, 자기소개를 할 때 재미있는 이야기를 한 사람은 인상에 남습니다. 내가 지금도 기억하고 있는 것은 중학교 때 반이 바뀌고 처음 자기소개를 할 때 들었던 이름입니다.

O형인 정오형입니다.

듣는 순간 터지는 웃음과 함께 오형의 이름은 머릿속에 각인되었습니다. '이상하다' 또는 '재미있는데' 등의 감정과 상대의 이름이 연관 지어지면 기억에 오래 남게 됩니다.

혹은 잘생기거나 귀여운 모습 등 얼굴이 마음에 들거나 키가 아주 크거나 씩씩하고 또한 자기 주변 사람과 닮았으면 인상에 또렷이 남습니다. 반대로 몹시 불쾌한 말을 한다거나 갑자기 화를 내면 인상은 좋지 않아도 감정을 자극한다는 측면에서 기억에 쉽게 남습니다.

반면에 아무런 특징도 없이 이름만 들으면 기억에 잘 남지 않습니다. 즉, 감정에 대한 자극 또는 충격이 있는지 여부도 기억을 위해서는 중요한 단서가 됩니다.

이러한 현상은 일상생활에도 자주 나타납니다. 예를 들어, 부모님이 건넨 평범한 말투는 화를 내며 말할 때 보다 기억이 그다지 오래 가지 않습니다. 영화와 드라마에서 눈물을 흘릴 정도의 감동을 받은 장면도 오래 기억에 남습니다. 물론 학교 공부도 마찬가지입니다. 1단계에서도 언급했지만 수업 중에 '과연!' 또는 '뭐?'라고 생각했던 내용은 기억에 오래 남습니다.

강한 감동을 받은 내용은 뇌에 강력한 충격을 주어 외우기 쉽게 해준다.

그렇다면 스스로 그런 충격을 주는 기상천외한 방법을 고안하면 어떨까요!

의미 부여하기에서도 적절히 활용할 수 있는 것은 숫자입니다. 최근에 상업적으로 자주 사용되는 8282(빨리빨리-배달 상품) 8257(빨리고쳐-자동차 정비) 등이 그렇습니다.

하지만 역사나 생물 등을 공부하다보면 적절한 의미 부여가 어려운 숫자들도 의외로 많이 나옵니다. 그럴 경우엔 내용을 외우기가 참 쉽지 않습니다. 원래 의미 부여하기의 조건을 들어보라고 하면 나는 다음의 두 가지를 제안합니다.

● **쉬울 것**
● **간단할 것**

물론 이미 있는 의미 부여하기와 학교와 학원에서 배우는 것이 여기에 적합하다면 좋습니다. 그러나 사람에 따라 외우기 어려운 내용이 각기 다를 수 있고 외우기 쉬운 내용도 차이가 있습니다. 따라서 배우는 데도 한계가 있습니다.

그렇기 때문에 '스스로 만든다'는 것이 중요합니다. 직접 해보면 외우기 쉬울 뿐만 아니라 만들어 보는 자체가 결과가 될 수 있습니다.

'이런 식으로 바꾸어보면 외우기 쉬울까?' 하고 생각하는 사이 머릿속에 실마리가 생기고 암기가 쉬워집니다. 하지만 대부분의 사람들이 말은 그렇게 해도 실제로 의미 부여한다는 것이 쉽지 않다고 생각합니다. 그러나 절대 그렇지 않습니다! 처음부터 '의미 부여하기를 만들자'라는 발상으로 생각하면 방법은 얼마든지 있습니다.

이 힌트야말로 **선입관을 부순다**는 것과 직결됩니다.

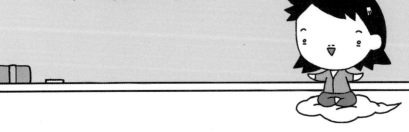

^{방법} 1 의미 부여하기

3. 부끄러움은 가라!

많은 사람들이 암기할 때 어려움을 호소하는 부분이 세계사 용어입니다. 특히 외우기 어려운 용어는 고대 그리스 로마시대에 나오는 지명이나 이름, 제도 등입니다.

나도 이 부분에서 고민하는 사람들을 주위에서 많이 봤습니다. 다음의 몇 가지를 예로 들어 보겠습니다. 비록 의미 부여하는 과정이 유치할지라도 잘 외울 수만 있다면 부끄러운 일이 아닙니다.

ㄱ **크노소스**-크레타 문명의 중심지로 궁전이 발굴된 장소

ㄴ **벤트리스**-미케네 문명의 선문자 B 해독에 성공한 영국인

ㄷ **아이오리스인**-발칸반도 북부에서 소아시아 북부에 걸쳐 거주하던 그리스인의 일파

ㄹ **시노이키스모스**-귀족이 중심이 되어 군사적 경제적 요지에

이주했던 정책

ⓜ **페리오이코이**-스파르타에서 농업, 공업에 종사한 참정권 없는 불완전시민

ⓗ **페리클레스**-아테네 민주주의를 완성하여 아테네를 그리스의 정치, 문화적 중심지로 발전시킨 인물

ⓢ **에우리피데스**-고대 아테네 3대 비극작가 중의 한 사람

ⓞ **클레이스테네스**-혈연적 부족제도 폐지 등의 개혁으로 아테네 민주정치의 기초를 확립한 정치가

ⓩ **오스트라시즘**-참주의 출현을 막기 위한 시민에 의한 투표제도

ⓒ **오스트라콘**-투표할 때 사용하는 인명 표기용 도편

 의미 부여하기로 단어 외우기

ⓒ 이 소스 크~(오) 노 소스! —— **크노소스**

ⓛ 벤츠 리스(대여) 합니다 —— **벤트리스**

ⓒ 아이 오리(들) —— **아이오리스인**

ⓡ 시누이 코(키)스모스 —— **시노이키스모스**

ⓜ 페리오(치약) 이(코)이 —— **페리오이코이**

ⓗ 펠레클레스(학급) —— **페리클레스**

ⓢ 에~ 우리(의) 피 데스(입니다) —— **에우리피데스**(비극작가)

ⓞ 클레이(알리)스 테니스 —— **클레이스테네스**

ⓩ 오스트리아(라) 주의 —— **오스트라시즘**

ⓒ 오스트리아 콘(과자) —— **오스트라콘**

외우는 데 흥미가 생기나요? 계속 예를 들어 보기로 합시다.

a **소포클레스**-오이디푸스를 남긴 3대 비극작가 중 한 사람

b **탈레스**-만물의 근원을 물이라고 생각한 철학자

c **헤라클레이토스**-만물의 근원을 불이라고 생각한 철학자

d **데모크리토스**-만물의 근원을 원자라고 생각한 철학자

e **프락시텔레스**-헤르메스상을 조각한 조각가

f **디아도코이**-알렉산드로스 대왕이 죽은 후 후계자를 노리고
  분립, 항쟁한 부장들

g **세레우코스 왕조**-대제국의 분열 뒤 부장 중 하나가 시리아에
  세운 왕조

h **에라스토테네스**-지구의 둘레를 계측한 천문학자

 의미 부여하기로 단어 외우기

a 소포(우편물) 클레스(학급) —— **소포클레스**

b (오염 된 물 먹고) 탈 났어 —— **탈레스**

c 헤라클레스(의 불 같은 힘) 토스(트) —— **헤라클레이토스**

d 데모 클린(크리) 토스(트)──── **데모크리토스**

e 프락시(설정) 탈 났어──── **프락시텔레스**

f 되어도(디아도) (좋고요)코이──── **디아도코이**

g 세례(세레) 후 (우) 코스(요리)──── **세레우코스**

h 에라! 스톱(스토) 테니스(테네스)──── **에라스토테네스**

어떻습니까? 이 모두가 직접 생각한 것입니다. 조금은 유치하지만 외우기에는 아주 놀라운 효과를 발휘합니다. 물론 같은 그리스 시대에 나오는 말이라도 '스토아학파' '헤라클레스'처럼 익숙하거나 외우기 편한 단어와 의미 부여하기 쉬운 단어들도 있습

니다. 그런 단어들은 생략했습니다.

앞에서 선입관을 버리자고 말했는데 이는 자유로운 발상을 위해서입니다. **의미 부여하기**는 생각해보면 얼마든지 가능합니다. 개개인의 사정과 능력에 맞게 의미를 부여하면 암기가 보다 수월해집니다.

유치하다고 부끄러워하지 말고 한번 시도해 보면 많은 도움을 받을 수 있습니다.

의미 부여하기
4. 임기응변 감각은
이렇게 연마한다

임기응변 감각이란 아마도 일상생활에서 재미있는 요소를 민감하게 받아들이면서 연마하는 것은 아닐까 생각합니다. 여기서는 임기응변 감각을 이용한 의미 부여하기를 소개해보겠습니다.

surrender

〔동사〕 **항복하다**-서(sir) 렌더(연타)── 선생님의 연타 공격에 항복합니다

tremendous

〔형용사〕 **무시무시하다**-트름(이) 맨 터져스── 중요한 순간에 트름만 나온다, 곤란하다

appreciate

〔동사〕**평가하다**-애플사를 평가하다

blame

〔동사〕**비난하다**-크(브)레임을 걸다

condemn

〔동사〕**유죄 선고하다**-con(함께) 뎀(욕하다)

hygiene

〔명사〕**위생**-하이 진(청바지)이 깨끗하다

이것들은 직접 만들어 본 의미 부여하기인데 시중에는 이런 식의 '의미 부여하기' 영어 단어집도 나와 있습니다. 처음에 책을 보고 그 발상이 너무도 비슷해서 놀랐던 기억이 있습니다.

시중에 나와 있는 이러한 책들을 읽어본다면 공부에 좀 더 도움이 될 것입니다. 그러나 모든 것을 이렇게 의미 부여하기로 외울 필요는 없습니다. 간단한 것들은 의미를 부여하는 데 걸리는 시간에 이미 외우고도 남기 때문입니다. 아무튼 자신이 외우기 어려운 단어들에 이런 의미 부여하기를 활용해 본다면 훨씬 능률적인 공부를 할 수 있을 것입니다.

방법 1 의미 부여하기
5. 리듬을 타는 법

지금까지 설명한 것처럼 의미 부여하기는 연도 외우기뿐 아니라 단어와 문법 또는 수식에 이르기까지 다양하게 활용할 수 있습니다. 단, 외울 내용이 복잡해지거나 그 상태 그대로 외워야 할 경우는 의미 부여하기가 어렵습니다. 이럴 때 중요한 점은 의미를 일일이 생각하지 않는 것입니다.

강조할 부분만 반복해서 머릿속에 집어넣으면 됩니다.

수 금 지 화 목 토 천 해 명*의 경우를 봅시다.

수성, 금성, 지구, 화성, 목성, 토성, 천왕성, 해왕성, 명왕성은

---

* 2006년 8월 국제천문연맹(IAU)은 태양계 행성에서 명왕성을 제외하기로 결정했다.

태양계의 안쪽부터 순서대로 행성을 나열한 것입니다. 특별히 단어의 의미를 생각하지 않아도 됩니다. 하지만 단숨에 외우기는 쉽지 않기 때문에 첫 글자만을 따서 리듬을 주며 외우면 속도가 훨씬 빨라질 수 있습니다.

의미 부여하기 방법 중에는 단어의 의미가 명확하게 드러나지 않고 **수 금 지 화 목 토 천 해 명**처럼 단순히 단어의 나열에 지나지 않는 것들도 많이 있습니다.

하지만 액센트나 리듬을 붙여 외우다보면 머릿속에 쉽게 들어가는 경우가 많습니다. 물론 개인차는 있겠지만 이 역시 추천할 만한 방법입니다. 자신에게 맞는 방법을 경우에 따라 적절히 활용할 줄 아는 지혜가 필요합니다.

반복하는 이야기지만 의미 부여하기를 생각한 다음에는 **선입관을 버린다**는 점이 중요합니다.

방법 2 응용하기

1. 숫자를 비슷한 발음이 나는 단어에 연결

외울 항목은 따로 있다는 선입관을 버리는 것만으로도 의미 부여하기 방법은 다양해집니다. 하지만 이에 더해서 '연결짓는 음' 또한 생각해봅시다.

예를 들어, 1이라면 일 또는 하(나), 2는 이 또는 둘이라는 단어로 바꾸어 의미 부여하기를 해봅시다. 이 경우 가능한 단어는 한정되겠지요.

그래서 1을 A에서 '에'로, 2를 B에서 '비'로 3은 C에서 '씨' 또는 '시'라는 형태로 첨가해서 생각해봅시다. 이것이 귀찮으면 1을 원, 2를 투, 3을 쓰(리)라는 형태로 바꾸어봐도 좋습니다.

또한 최초의 음이 숫자와 같은 음을 내는 단어를 생각해봐도 좋습니다. 1이라면 일생, 2라면 이란, 3이라면 삼각형 등 나름대로 숫자에서 연상되는 단어를 유추해봅니다. 의외로 많은 것이 떠오를 것입니다.

게다가 형태를 사용할 수도 있습니다. 1, 2, 3……의 숫자를 어떤 모양으로 바꾸어 생각해보는 것입니다.

1은 엄지손가락의 이미지에서 손가락, 2는 옷걸이, 3은 귀라고 생각할 수 있을 것입니다. 5는 싹이 나온 씨앗, 8은 오뚜기, 10은 야구배트와 공 등이 떠오르겠지요.

요점은 자신만 알면 어떤 것이든 상관없지만 그것만으로 다양성이 단번에 커지지는 않습니다.

방법 2 응용하기

2. 시점을 바꾸면 새로운 세계가 열린다

　한국사에서 중요 사건이나 역사적 사실이 있었던 때를 기억하려면 어떤 방법이 좋을까요? 가령, 조선시대 '1608년 대동법 실시(광해군)'를 외운다고 해봅시다.

　조선시대는 이미 천 년대를 넘어선 시기이므로 별로 의미가 없습니다. 여기서 1은 무의미하다는 뜻입니다. 따라서 608년만 외우면 됩니다. 그리고 1을 덧붙이면 1608년 대동법 실시를 암기할 수 있게 됩니다. 즉, 토지 결당 세금 징수로 양반의 세금은 많아지고 농민의 세금은 줄어드는 농민 육영 사업으로 농민의 힘이 (팔팔) 솟는 육영팔(608) 사업이라는 의미 부여하기가 가능해집니다.

　농민 육영의 서광이 비치는 제도 608 ── **1608년 대동법 실시**

이런 방식으로 다른 역사적 사건이나 사실들도 암기가 가능합니다.

갑오경장 1894년──── (낡은 제도는) 팔고 (새로운 제도를) 산다

물론 세계사도 마찬가지입니다. 1000년대라면 유럽에서는 중세로 영국(잉글랜드 왕국)과 프랑스, 독일(신성로마제국)이 등장하여 십자군이 시작되는 시기로, 중국은 명·청의 왕조시대입니다.

이 흐름을 알고 있으면 콜럼버스의 신대륙 발견(1492년) 뒤에 이슬람 제국의 성립(750년)을 생각하는 등의 잘못된 암기는 하지 않을 것입니다.

그리고 세계사에는 기원전이라는 시대 구분이 있는데 이것 역시 로마제국 시대의 일로 예수 탄생의 해를 0년으로 한다는 것을 알고 있으면 특별히 문제될 것이 없습니다.

이것만으로도 '의미 부여하기의 세계'가 넓어졌다고 생각되지 않나요?

이해가 쉽기 때문에 연도를 들어 설명했지만 다른 과목도 마찬가지로 적용해볼 수 있습니다. 가령, 생물에는 '단위 시간당 CO_2 배출량'을 측정하는 것이 있는데 다음의 수치들은 외워야 합니다.

지방질 0.7

단백질 0.8

탄수화물 1.0

나는 이 수치들을 다음과 같이 외웠습니다.

지방(칠) **단팥**(8) **텐**(10)**수화물** ── **지방 단백질 탄수화물**

　수치의 크기만 기본적으로 알고 있으면 앞의 소수점 0을 무시하고 내용을 외워도 무방합니다. 소수점에 집착하면 암기가 어려워지기 때문입니다.

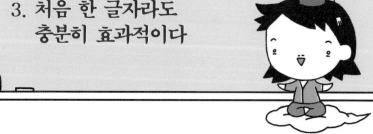

3. 처음 한 글자라도
충분히 효과적이다

'최초의 한 글자만이라도 외우기' 방법도 암기에는 충분히 효과가 있습니다. 예를 들어 다음의 다섯 가지 단어들을 외운다고 했을 때 단어 하나하나를 떼어서 일일이 암기하려고 하면 어렵기도 하고 잊어버리기 쉽습니다.

영어에서 조동사는 아래와 같은 의미를 나타낼 때 씁니다.

추측, 의지, 가능, 당연, 명령

그러나 이것을 그냥 외우려면 어렵습니다. 첫머리 글자를 따서 '추위가 (와서) 당면(이 얼었다)'으로 외우면 머릿속에 실마리가 만들어져 저절로 기억하게 됩니다.

앞에서도 봤지만 태양계의 행성들(수금지화목토천해명)을 외울 때처럼 단어의 앞 글자 하나만을 따서 정리를 하면 암기가 재미있고 쉬워집니다. 특별히 어떤 의미를 가질 필요도 없습니다.

　자신만이 알 수 있는 내용으로 만들어보면 더욱 좋겠지만 그렇지 않더라도 상관은 없습니다. 이렇게 첫 글자만이라도 떼어내어 암기를 해두면 일부의 내용을 잊더라도 그 중 한 글자만 생각나면 전체 내용을 쉽게 떠올릴 수가 있게 됩니다.

　특히 길고 생소한 이름이나 지명이 많이 나오는 세계사나 국사, 생물 같은 과목들은 외워야 할 분량이 많습니다. 이때 그 많은 것을 하나씩 따로따로 암기하기란 여간 어려운 일이 아닙니다. 바로 그럴 때 첫 글자만 암기하는 방법은 여러 모로 효용 가치가 높습니다.

방법 2 응용하기

4. 단어의 부분들에 주목하라

외워야 하는 단어의 일부분을 주의해서 보는 것도 재미있는 일입니다. '한 글자가 틀린 것'을 먼저 보도록 합시다. 여러분이 잘 알고 있는 영어 단어를 예로 들어 보겠습니다.

mother에서 m을 빼면 other = 타인이다

이것은 광고에도 자주 인용되는 내용입니다.

Particle —— article	입자의 논문
Slaughter —— laughter	웃으면서 학살한다

모음이 다른 경우도 있습니다.

Bandage —— bondage | 밴드로 속박하다

한 글자가 다른 단어들도 있습니다.

둔전법 위
점전법 서진
균전법 북위

단어 속에 나오는 부분에 주목해보면 암기에 많은 도움이 됩니다.

^{방법} 2 응용하기

5. 관련이 깊은 내용들을
묶어주기

visit

call

drop in

stop by

이 단어와 숙어들의 뜻은 모두 '방문하다' 또는 '들르다'입니다. 네 가지를 정리해서 외워놓으면 drop in이라는 단어가 나왔을 때 숙어의 뜻은 잊었어도 visit와 같은 뜻이라는 생각이 떠올라 그 의미를 금세 알 수 있습니다. 게다가 이들 단어에는 공통점도 있습니다.

call, drop in, stop by 모두 단어 뒤에 사람이 나올 때는 전치사 on을 쓰고, 장소가 나올 때는 전치사 at을 씁니다.

〈～을 방문하다〉

1) call on + 사람

   call at + 장소

2) drop in on + 사람

   drop in at + 장소

3) stop by on + 사람

   stop by at + 장소

이렇게 하면 visit를 포함하여 모두 일곱 개를 한 번에 외울 수 있게 됩니다. 이렇게 정리하는 작업만으로도 시험 전에 외워야 할 분량이 훨씬 줄어듭니다.

실제로 새로운 단어가 나왔을 때 이런 방법으로 관련되는 말과 반대말을 정리해두면 시험볼 때 큰 도움이 됩니다.

방문하다		도착하다
visit		reach
call	on + 사람	arrive at
drop in + <	at + 장소	get to
stop by		

예를 들어 visit가 나오면 visitor(방문자) 또는 동의어와 반대말 그리고 같은 어원, 파생어 등을 의미별로 나누어 기억해두는 방

법이 효과적입니다.

영어 단어의 경우 이외에도 발음이 같은 단어를 한데 묶어 기억하는 방법도 있습니다. bery와 bury 등이 그렇습니다. 이 방법은 외울 분량을 늘이지 않고도 아주 효과적으로 활용할 수 있습니다.

그럼 또 다른 단어 암기 방법을 예로 들어봅시다. 다음 단어를 영어로 말해보세요.

〔창조적인〕 〔조형〕 〔사회기반〕

잘 모르겠으면 다음과 같이 단어를 바꾸어 보겠습니다.

〔크리에이티브〕 〔피규어〕 〔인프라〕

답은 보이는 그대로입니다.

〔creative〕 〔figure〕 〔infrastructure〕

영어 단어 중에는 알게 모르게 일상생활에서 사용되는 것들이 많이 있습니다. 게다가 노래 제목과 영화 제목 등에도 많이 등장합니다. 이런 단어들을 그 발음 그대로 스펠링으로 옮겨보면 훨씬 간단하게 외울 수 있습니다.

- 화학-케미스트리-chemistry
- 사회적인-소셜-social
- 조사하다-인베스티게이트-investigate

'조사하다'에서 investigate를 연상하는 일이 영어가 약한 사람들에게는 어려울 수도 있습니다. 그러나 최악의 경우 '인베스티게이트'만 외우고 있어도 머릿속에서 실마리가 생깁니다. 따라서 다음에 볼 때 인상에 남게 마련입니다.

이처럼 읽기에 주의하며 생각해보면 단어나 문장의 의미를 유추하는 것도 쉬운 작업이 됩니다.

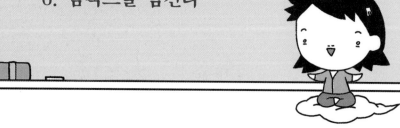

방법 2 응용하기

6. 임팩트를 남긴다

공부하는 학생들에게 임팩트(강한 인상)를 주려는 것은 선생님이나 학원 강사나 참고서를 만드는 모든 사람들이 중점적으로 고려하는 부분입니다.

학생들이 좋아할 만한 연예인이나 애완동물 즉 강아지나 고양이 등을 외워야 할 내용과 연결 짓도록 하는 방법입니다.

이렇게 하면 연예인 또는 애완동물을 좋아하는 사람들에게는 아주 뛰어난 효과를 낼 수 있습니다.

그래서 선생님들도 수업 내용에 관련된 지식이나 말의 어원 또는 배경까지 재미있고 깊이 있게 설명해주는 분들이 많습니다. 그렇게 함으로써 학생들에게 '아, 그렇구나!'라는 임팩트를 주어 열심히 공부하게 하려는 의도가 숨어 있는 것입니다.

하지만 가장 중요한 것은 배우는 학생들이 수업 내용에 대해 강한 인상을 받지 못하면 의미가 없겠지요!

　당연한 이야기입니다. 예를 들어, '그림이 멋있다' 또는 '재미 있는 이야기를 하고 있구나!'라고 생각은 하지만 막상 외우려는 내용과 연결 짓지 않는다면 기억에는 남지 않습니다.

　따라서 강한 인상과 자신이 외우려는 내용들을 잘 연결시킬 수 있어야만 비로소 그 효과가 커집니다. 자신이 좋아하는 것과 외우려는 내용이 적절하게 어우러진다면 그만큼 흥미는 높아지고 쉽게 외워집니다.

　'임팩트를 느끼자!' 생각하고 공부를 하면 보통의 교재와 수업에서도 스스로 강한 실마리를 만들 수 있게 됩니다. 그래서 자신에게 맞는 방법을 찾으려는 노력이 아주 중요합니다.

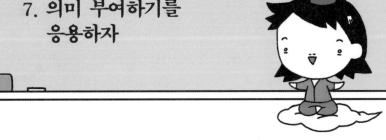

7. 의미 부여하기를 응용하자

'의미 부여하기' 방법은 수학 공식에도 적용됩니다. 예를 들어 삼각함수는 외우기 어려운 부분인데 다음과 같은 방법을 사용해 볼 수 있습니다.

$$\sin(\alpha + \beta) = \sin\alpha\cos\beta + \cos\alpha\sin\beta$$

사이팡　（사인 플러스）　은　　사이다 콜라　（더하기）　콜라 사이다

$$\sin(\alpha - \beta) = \sin\alpha\cos\beta - \cos\alpha\sin\beta$$

살인마　（사인마이너스）　는　　사이다 콜라　（빼기）　콜라 사이다

$$\cos(\alpha + \beta) = \cos\alpha\cos\beta - \sin\alpha\sin\beta$$

콜라　　플러스　　　는　　코카 콜라　（빼기）　사이다

$$\sin(\alpha + \beta) = \sin\alpha\cos\beta + \cos\alpha\sin\beta$$

사인　　플러스(사이팡)　는　　사이다 콜라　（더하기）　콜라 사이다

$$\sin \ (\alpha \ - \ \beta) \ = \ \sin\alpha \ \cos\beta \ - \ \cos\alpha \ \sin\beta$$
사인　마이너스(살인마)　는　사이다 콜라　(빼기)　콜라　사이다

$$\cos \ (\alpha \ + \ \beta) \ = \ \cos\alpha \ \cos\beta \ - \ \sin\alpha \ \sin\beta$$
코사인　플러스(콜라플러스)　는　코카 콜라 곱　(빼기)　사이다

$$\cos \ (\alpha \ - \ \beta) \ = \ \cos\alpha \ \cos\beta \ + \ \sin\alpha \ \sin\beta$$
코사인　마이너스(코사마트)　는　코카　콜라　(많다)　사이다

〔사인→사이다〕〔코사인→콜라〕〔+→플러스〕〔-→마이너스〕로 바꾸어봤는데 한눈에 보기에는 의미 부여하기가 억지스러운 데가 있습니다.

예를 들어, 〔사인 플러스〕나 〔사인 마이너스〕모두 〔사이다 콜라〕부분은 같고 〔코사인 플러스〕〔코사인 마이너스〕에서도 〔코카 콜라〕〔사이다〕부분은 마찬가지입니다.

더군다나 코사인의 경우 분해된 식에 플러스와 마이너스 부분이 바뀌어 있어 까다롭습니다. 따라서 이 부분을 정확히 기억해야만 하는 숙제가 남게 됩니다.

'이런 정리만으로 끝이야?' 하고 생각할 수 있는데 결론부터 말하면 이것만으로도 충분합니다. 의미 부여하기에서 중요한 것은 실마리를 만든다는 점입니다. 실제로 이렇게 공식을 치환하여 만들어 본 나도 문제를 푸는 과정에서 플러스와 마이너스를 혼동

한 적이 있습니다. 하지만 형태 자체는 의미 부여하기로 이미 만들어져 있기 때문에 몇 차례 반복하는 사이에 이 공식들을 완전하게 외울 수가 있었습니다.

처음 지식→의미 부여하기로 실마리 만들기→반복 연습으로 완전한 이해

이렇게 생각해보는 방법이 확실한 암기를 위한 지름길입니다. 그리고 여기까지 넓혀보면 규칙을 깨는 '역 의미 부여하기'도 가능해집니다.

여러분은 통장 비밀번호를 결정할 때 어떤 방법을 사용합니까? 적당히 〔8 2 4 9〕 등으로 결정하고 〔빨 리 사 구(고)〕라고 외워보지만 금방 잊어버리지는 않았나요? 아무리 의미 부여하기를 했어도 〔빨 리 사 구(고)〕와 같은 말은 자신과 밀접한 관계가 없기 때문에 쉽게 기억이 나지 않습니다. 그렇다고 잊지 않도록 누구나 들여다보기 쉬운 수첩 같은 곳에 적어둔다면 비밀번호의 의미가 없습니다.

그래서 많은 사람들이 어쩔 수 없이 자신의 생일이나 전화번호 등 이미 알고 있는 숫자를 사용하게 됩니다. 이런 것을 숫자 암기에 역이용해보면 어떨까요?

열우당(열린우리당)이라는 정당 이름이 있다고 해봅시다. 이 이름을 숫자화 해보면 〔10, 9(우), D(당)→4〕 해서 〔1 0 9 4〕로 바꿀 수 있습니다.

그리고 세계사 연표에서 이 해에 무슨 일이 일어났는지 찾아봅시다. 하지만 세상 일이 마음 먹은 대로 되지 않는 것처럼 우리가 외우려고 하는 내용은 이 해에는 일어나지 않았습니다. 그러면 포기하지 말고 그 다음 해를 봅시다.

1095년에는 클레르몽 공의회가 있었습니다. 이것은 로마 교황 우르바누스 2세가 이슬람 지배하에 있는 성지 예루살렘의 탈환을 주창한 회의로 1096년에는 제1회 십자군 원정이 시작됩니다.

열우당의 해! 다음 해(1095)에는 십자군 운동을 주창하고 그 뒤를 이어 십자군 원정이 시작된다.

자신만이 알 수 있는 내용이지만 '좀처럼 잊혀지지 않는 의미 부여하기'가 만들어졌습니다. 더욱이 이것을 계기로 열우당을 우르바누스 2세와 연결 지으면 보다 많은 주위 사람들을 관련지어 암기의 범위를 넓혀 갈 수 있습니다.

어느 경우이든 이렇게 의미 부여하기를 역으로 이용해보면 보다 많은 것들이 가능해집니다. 여러분들도 한번 시도해보고싶지 않으세요?

3단계

테크닉을 기른다!

방법 1 도구 사용하기

1. 노트법이 성적을 좌우한다

　노트법을 바꾸는 것만으로도 성적은 상당히 올라갈 수 있습니다. 입시 준비를 하며 학원에 다닐 때 필기를 잘해서 다른 학생들이 노트를 빌리곤 하던 친구가 있었습니다. 성적 역시 좋았던 걸로 기억합니다. 그 친구는 간단히 세 가지 방법을 사용해 필기를 했는데 그다지 어려워 보이지 않았습니다.

　그 세 가지는 '칠판 필기' '자신의 메모' '중요한 포인트 정리' 였습니다.

　그리고 노트에 여백을 충분히 두어 나중에 보충 설명이 나오면 언제든지 써넣을 수 있게 만들었습니다. 이런 방법으로 충실히 필기를 해두면 나중에 다시 공부할 때 훨씬 시간을 줄일 수 있습니다. 게다가 이 방법은 본 내용을 기억하기 쉽고 나름대로의 메모도 첨부되어 있어 노트 어디에 필기해두었는지 금방 기억할 수 있습니다. 그래서 시험 보기 전에는 아주 편리합니다. 이렇게 하면 필기할 때 이미 **실마리**가 되는 부분도 정리가 되어 있기 마련입니다.

물론 색을 칠하거나 그림을 그리는 방법도 좋지만 자신만의 규칙과 표시를 해두면 좋습니다. 필기가 단순히 옮겨 적는 것에 그치면 안 됩니다. 나름대로의 생각이 들어가는 만큼 기억하기 쉬워집니다.

그러면 본격적으로 노트를 사용하는 방법에 대해 이야기해보겠습니다. 노트의 '유용성'을 생각해봅시다.

나는 과목별로 세 가지 노트를 갖고 있습니다.

- 예습용 노트
- 칠판 노트
- 암기 노트

예습용 노트와는 별도로 복습용 노트까지 준비하는 사람도 많습니다. 수업시간에 사용하는 노트와 자기만의 예습 복습 노트를 따로 사용하는 사람도 있을 수 있습니다. 하지만 나는 학원 다닐 때, 예습과 칠판 필기용 노트를 함께 사용했습니다.

사실 예습과 복습 중 어느 쪽이 더 중요하냐고 묻는다면 나는 단연 복습이 중요하다고 말하겠습니다. 얼마나 효율적으로 복습하는가에 공부 비결이 숨어 있고 사람에 따라서는 예습 같은 것은 필요 없다고까지 말하는 사람도 있습니다.

하지만 나는 대입 시험에 떨어진 경험이 있습니다. 다시 말해서 학원 수업은 기본적으로 모든 것이 학교에서 배운 내용의 복습 과정입니다. 그래서 재확인하는 의미로도 수업 준비를 충실히 하고 기다렸습니다.

● **예습→재확인 공부(이해 여부)→수업(이해)→복습→암기**

예습과 수업 노트는 기본적으로 같습니다. 예습한 것은 노트 왼쪽에 나름대로 정리해 놓습니다. 그리고 수업시간에 하는 필기와 선생님의 설명은 오른쪽 페이지에 써서 보충해 둡니다.

예습 단계에서 전혀 알 수 없었던 부분은 왼쪽 페이지가 백지 상태일 것입니다. 이곳은 나중에 수업을 들으면서 빨강과 파란색 펜으로 처음에는 이해하지 못했던 부분이라는 것을 알아볼 수 있도록 기록해 둡니다.

그 결과 예습과 수업으로 어느 정도 내용에 대해 이해를 하고 또한 그 내용을 외우고 있는지 일목요연한 정리가 가능해집니다.

이 정리 내용을 눈으로 보면서, 손으로 써보면서 확인하는 것이 복습입니다.

따라서 내 경우 이 단계의 복습은 굉장히 어지러웠습니다. 문제를 다시 풀어보고, 외우기 어려운 단어와 계산을 반복하는 데 그치기도 했습니다. 복습할 때 썼던 내용을 다시 읽어보는 경우가 거의 없었습니다. 복습용 노트를 제대로 준비하려면 시간이 많이 들기 때문에 효율적이지 못하다고 생각했습니다. 그래서 따로 노트를 만들지 않고 광고지 뒷면 같은 이면지를 사용하기도 했습니다.

물론 암기하기 위해서는 복습 노트를 볼 필요가 있습니다. 하지만 필기용 노트만으로는 이렇게 할 수 없었기 때문에 다시 '암기 노트'를 만들었습니다.

암기 노트란 무엇일까요?

거창하게 생각할 수도 있겠지만, 이것은 간단히 말하면 '카드' 또는 단어장입니다.

"뭐야! 그런 거라면 나도 사용하고 있는데"라고 말할지 모르겠습니다.

그렇지만 이 암기 노트는 보통의 것과는 조금 다릅니다.

방법 1 도구 사용하기

2. 암기 노트는 어떻게 만들까?

시험공부를 할 때 여러분은 어떤 방법으로 암기해봤나요? 대부분의 사람들은 '가리는 방법'을 주로 사용합니다. 앞면에는 우리말로 쓰고 그 뒷면에 영어 단어를 쓰는 경우가 전형적인 예입니다.

또한 노트 글자를 초록색 펜으로 굵게 칠하고 빨간색 종이를 덮어 보이지 않게 하는 방법도 있습니다. 이러한 '가리기식 암기법'에서 중요한 점은 무엇일까요? 그것은 그 즉시 성적을 알 수 있다는 편리함입니다. 이것은 시험과 퀴즈를 비교해보면 쉽게 알 수 있습니다.

물론 퀴즈에는 여러 가지가 있겠지만 지식을 묻는다는 관점에서 보면 공부와 기본적으로 차이가 없습니다. 그렇다면 어째서 퀴즈는 즐겁게 풀면서 공부는 고통스러워할까요? 그것은 바로 동기의 문제인 것 같습니다.

즉, 퀴즈는 '정답!'이라는 즐거움이 따르고 공부는 틀리면 합격 불합격에 대한 불안이 따른다는 점입니다. 따라서 암기할 때도 '답을 말한다'보다 '실수를 하지 않는다'는 생각이 강하게 나타나게 됩니다. 하지만 이러한 생각이 앞서면 반복해서 외우는 일이 고통스럽게 느껴집니다. 그러면 당연히 암기 효율도 떨어지고 완벽하게 외우기 전까지는 기분이 개운치 않습니다.

그렇다면 '정답!' 또는 '전부터 기억하고 있다!'는 동기를 만들어주면 좋을 것입니다. 그래서 가리기식 암기방법을 고안해보는 것도 좋습니다. 나 역시 이런 방법을 많이 사용했습니다. 자신의 노트에다가 외우고 싶은 곳을 색칠하는 것이므로 방법은 의외로 간단합니다. 단어를 가리고 '무엇일까'를 생각해봅니다. 그리고 가린 종이를 치우고 그 자리에서 답을 확인합니다. 아주 간단하지요.

그러나 종이로 가리는 방법의 결점은 자신의 성적을 정확히 파악할 수 없다는 사실입니다. 득점 상황과 정답률을 정확히 알 수 없고, 게다가 자신이 틀렸던 곳을 재차 확인할 때 노트를 보고 그 부분을 찾지 않으면 안 됩니다. 따라서 귀찮아져버리는 경우가 많고 실제로 찾는 과정에서 답을 보는 경우도 있습니다.

결국 종이로 가리고 하는 암기법은 완벽하게 외우기에는 부족합니다. 그러므로 언제나 반드시 효과적이라고 단언할 수는 없습니다.

그럼 퀴즈를 푸는 것 같은 동기를 만들기 위해서는 어떤 암기 방법이 있을까요? 물론 카드를 만들어 보는 것도 하나의 방법입니다. 문제 수는 많아지지만 답을 맞춰볼 수 있기 때문에 틀린 것만 정리해 하나씩 지워나가면서 성취감을 맛볼 수 있습니다. 그래서 나 역시 이 방법을 주로 사용하고 있습니다.

보다 원시적인 방법도 있습니다. A4 종이를 반으로 자른 것에 선을 그어 2단 또는 3단으로 나누고 위에는 숙어와 단어 또는 사건명이나 용어를 씁니다. 그리고 아래에는 그에 대응하는 의미와 연호, 외울 이름 등을 씁니다.

국어의 문법, 수학 공식, 영어 단어와 숙어, 영문법, 사회 과목이나 이과 과목의 요소와 단순한 암기라면 다양한 방법으로 주제를 가리지 않고 노트를 만들 수 있습니다.

도구 사용하기

3. 암기 효과를 높이기
위한 자신감 체크

　암기 노트는 외우는 방법도 다양합니다. 어떤 방법이든 상관없습니다. 예를 들어 위 아래 가운데 한쪽을 가리고 하나씩 풀어가는 방법도 있습니다. 방법은 단순하지만 효과는 대단히 큽니다.

　가장 큰 장점은 우선 분량이 적다는 점입니다. A4 반 정도의 종이 크기라면 스무 개 정도의 항목을 정리할 수 있습니다. 이렇게 하면 짧은 시간에 할 수 있어 간단하고 결과도 금방 집계할 수 있습니다. 물론 크기는 전철 안에서도 쉽게 들고 확인할 수 있는 정도가 좋겠습니다.

　채점은 ×와 ○ 그리고 △로 나누어 자신감을 체크하는 방법을 씁니다.

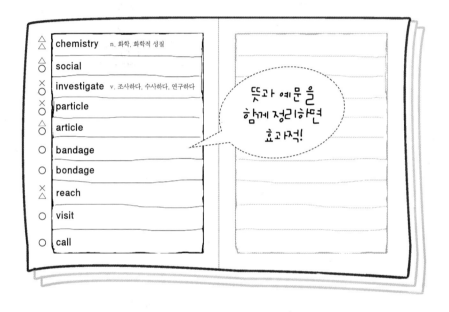

- 전혀 알 수 없는 부분 ── ✕
- 도전해 보았지만 아직 완벽하지 않은 부분 ── △
- 완전하게 외운 부분 ── ○

이것 역시 자신이 외울 내용을 분명히 하기 위한 방법으로 다음 장에 나오는 '공부를 게임화 한다'는 방법과 관계가 있습니다. 이것 역시 문제를 푸는 데 상당히 효과적입니다.

대략 한 번 풀어보고 그 결과를 적어 놓으면 그 다음에는 × 또는 △ 부분만 다시 확인하면 됩니다. 이런 방법으로 한 장을 완전히 외울 때까지 하기 때문에 빠뜨리는 내용이 없어집니다.

게다가 자신의 학습 효과도 한눈에 알아볼 수 있습니다. 물론 한 번 외운 것으로는 완전하지 못하기 때문에 다음에는 틀린 내용만을 정리해서 새로운 '암기 노트'를 만들어봅니다. 또한 방향을 달리해 샘플 형식의 노트를 만들어 볼 수도 있습니다. 그때마다 스스로 만들었기 때문에 풀기 전 단계에서 여러 차례 확인해 볼 수 있습니다. 따라서 당연히 외워질 수밖에 없습니다.

● **내용별 체크**

○○ ── To 부정사 용법 ── **완벽**

△△ ── 동명사 ── **조금 불안**

○× ── 미분 ── **불안**

△△ ── 확률 ── **조금 불안**

×× ── 삼각함수 ── **아주 불안**

실제로 이렇게 해보면 몇 장을 외웠는지, 완벽하게 외운 것은 몇 번인지 맞춰보면서 공부가 일종의 게임이 됩니다.

스무 번쯤 했다고 해서 귀찮아지는 경우는 좀처럼 없습니다. 간단한 방법이니까 조금씩이라도 좋으니 시험해보기 바랍니다. 물론 참고서 부록 등에 비슷한 유형의 것들이 있지만 자신만의 방법을 활용한다는 점이 중요합니다.

단, 이 암기 노트보다 카드를 만들어 하는 방법이 더 좋은 경우도 있습니다. 그 한 가지가 영어 단어처럼 단순하면서도 분량이 많은 경우입니다. 이 많은 것을 카드로 만들면 비효율적이 되기 쉽기 때문에, 처음에는 카드를 만들어 어렵다고 생각한 부분만을 골라냈습니다. 그리고 이것으로 암기 노트를 따로 만들어 외웠습니다. 이렇게 하는 것이 동기 부여가 쉽게 되기 때문에 효과적이라고 생각합니다.

또 한 가지는 반대의 방법으로 '복잡하게 만들기'입니다. 예를 들어 어려운 수학 문제를 푸는 데 이런 방법을 이용할 수 있습니다.

"뭐라고? 복잡한 것을 카드로 암기한다고?"

다소 의아하게 생각될지 모르지만 의미가 있습니다. 이 방법은 4단계에서 자세하게 설명하겠습니다.

방법 1 도구 사용하기

4. 눈에 확 띄게 만든다

　시각적으로 표시하는 방식은 뇌에도 그 잔상을 남기기 쉽습니다. 여러분은 '마인드맵'이라는 말을 들어본 적이 있나요?

　마인드맵은 보통 방사형으로 정보를 그리는 노트법으로 영국의 토니 부잔이 개발한 것입니다. 발상력과 기억력 강화에 효과적입니다. 마인드맵에 익숙한 사람은 이 방법으로 노트를 사용하면 큰 효과를 볼 수 있습니다. 단, 위에서부터 순서대로 쓰는 방식에 익숙한 사람도 있을 수 있기 때문에 자신에게 맞는 방법을 선택하는 것이 중요합니다.

　마인드맵에 관한 책을 보면 다음과 같은 내용들이 실려 있습니다.

　뇌는 색과 형태, 선, 질감, 시각적인 리듬에 반응하는 것을 보다 효과적으로 인지하고 전달한다. 원래 이미지, 형상화라는 단어는 라틴어로 **마음에 그림을 그린다**는 뜻으로 **이미지너리**에서 발전한 단어다.

다시 말해서 그림을 그리는 작업으로 기억이 강화되는 것입니다. 그렇다면 간단합니다! 필기를 할 때나 암기 노트를 만들 때 적극적으로 '낙서'를 해봅시다. 예를 들어, 생물에 나오는 세포 그림이라든지 국사와 세계사에 나오는 지도들이 그렇습니다. 이

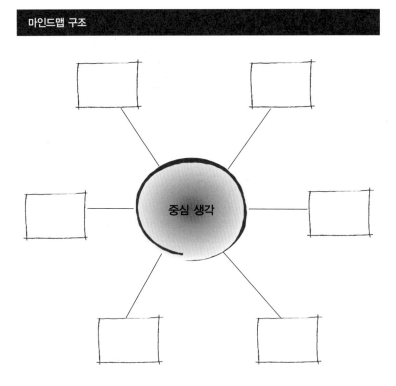

마인드맵 구조

중심 생각

것들은 처음부터 시각적인 형태이기 때문에 직접 그려보면 암기에 틀림없이 도움이 됩니다. 처음부터 너무 정확하게 똑같이 그리지 않아도 됩니다. 어렵게 시작해서 수차례 고치다보면 쉽게 싫증이 나기 때문입니다. 따라서 처음에는 간략하게 특징을 잡아내어 나름대로 기억해두는 방법을 사용하는 것이 좋습니다.

특히 역사 공부를 할 때는 시대에 따라 나라들이 수없이 나누어지므로 위치 관계만 ○표시를 해서 기억해두면 좋습니다. 반드시 자신만의 그림을 사용해 노트에 시각적으로 정리해둡니다. 그러면 나중에 반복 학습을 할 때 유용하게 쓸 수 있습니다.

방법 1 도구 사용하기

5. 색깔과 표시를 이용하자

 그림을 잘 못 그려도 사람들이 보고 놀랄 만큼 시각적인 방법으로 정리할 수 있는 기술이 있습니다. 그것은 바로 색을 칠하는 방법입니다.

 즉, 그림을 그리지 않는 대신에 색칠을 해 외우기 쉬운 노트를 만들 수 있습니다. 마인드맵에서 우선적으로 언급하는 것 역시 색과 형태입니다. 물론 많은 사람들이 누가 따로 가르쳐주지 않아도 밑줄을 긋거나 형광펜으로 칠하는 방법을 사용하고 있습니다.

 단, 색을 이용하여 쉽게 외울 수 있는 방법에도 포인트가 있습니다.

 과학적으로 인간이 가장 주목하기 쉬운 색은 무엇일까요? 그것은 바로 '빨간색'입니다. 빨강은 인간의 주의를 가장 잘 끄는 색입니다. 따라서 교통신호에서도 정지색이 빨강입니다. 많은 사람들 사이에서도 빨간색 옷을 입고 있으면 쉽게 눈에 띕니다. 비상사태 또는 들어가서는 안 되는 상황 등 현실적으로 위기를 표현하는 색이 빨간색으로 이루어져 있습니다.

빨간색 다음으로 눈에 띄는 색은 '노란색'입니다. 이것 역시 신호등에서 주의를 나타내는 색입니다. 그 외의 색들은 개인적인 취향에 따라 달라집니다.

- ● 녹색 —— 안정
- ● 분홍색 —— 로맨틱
- ● 청색 —— 안심
- ● 자주색 —— 신비

또한 그림 그리기가 싫은 사람이라도 단순한 시각화라면 간단하게 할 수 있습니다.

- ● 중요한 것을 ○로 표시한다
- ● 화살표로 흐름을 표시하거나 선으로 관계를 나타낸다
- ● 기호 등을 적절하게 사용해 요점이 잘 드러나도록 한다

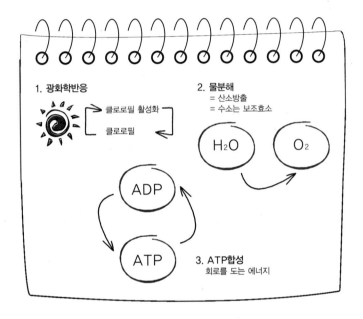

이것은 도표를 그리는 기본 중의 기본이지만 개별적으로 분산하는 것보다는 체계적으로 정리하는 것이 좋습니다.

방법 1 도구 사용하기

6. 빨간색으로 채점하지 말라

그래서 가장 주의를 잘 끄는 빨간색이 문제입니다. 사람들은 빨간색 펜을 즐겨 사용합니다. 특히 ○표시를 할 때나 정답으로 고쳐줄 때 보통 빨간색 펜을 이용합니다. 물론 선생님들도 채점을 할 때 사용하기 때문에 대부분 아무런 거부감 없이 사용하고 있습니다.

빨간색으로 수정된 오답을 보면서 '여기가 틀렸구나!' 또는 '이 점이 중요하구나!' 하고 인식하게 됩니다.

그런데 이렇게 빨간색을 이용해도 괜찮은 걸까요?

여기에는 중요한 사실이 숨어 있습니다. 즉, 외워야만 할 중요한 사항은 첨삭하는 것 자체가 아니라 '주목해야 할 핵심'입니다. 그러므로 빨간색을 사용하여 ○표시와 첨삭을 하는 것보다는 외위야 할 내용을 빨간색으로 표시하고 ○표시는 파란색과 노란색을 이용하는 것이 이상적입니다.

단, 모든 사람들에게 ○표시를 할 때 빨간색을 사용하지 말라고 하는 말이 아닙니다. 정답에 빨간색으로 크게 ○표시를 하는 것은 성취감을 줍니다. 가장 눈에 띄는 색으로 ○표시를 해서 스스로를 위로하면 당연히 기쁘겠지요.

그러나 틀린 답을 좀처럼 기억하지 못하는 사람은 외워야 할 내용을 빨간색으로 하고 ○표시는 파란색과 노란색으로 할 것을 권합니다.

이것은 직접 문제집을 풀 때의 주의사항인데, 다양한 색을 이용한 효과가 잘 나타나는 경우는 수업과 복습 등 노트를 정리할 때입니다. 이때 가장 눈에 띄게 해야 할 내용이란 도대체 어떤 것일까요?

- 선생님들이 '여기는 중요하다!'고 말한 부분
- 교과서에 고딕체나 굵은 글씨로 되어 있는 내용 등
- 참고서 등에서 '제출 빈도가 높다'는 부분

사실 진짜로 중요한 것은 이런 사항보다는 **자신이 좀처럼 외우기 힘든 부분** 또는 **자신이 잘 틀리는 내용**입니다. 흔히 스스로 이미 알고 있는데도 다른 사람들이 중요하다고 하니까 빨간색으로 표시를 해두거나 밑줄을 긋는 사람들이 있습니다. 하지만 이래서는 효과적인 암기 방법이라고 할 수 없지요. '관계대명사'라는 어구 또는 '이순신'처럼 누구나 알고 있는 인물 등을 눈에 띄게 표시해 둘 필요는 없습니다.

내가 필기를 할 때 쓰던 방법을 간단하게 소개하겠습니다.

● 수업시간에 선생님이 중요하다고 하는 내용은 ──**파란색**

● 설명을 듣고 이해할 수 없었던 내용은 ── **빨간색**

● 스스로 중요하다고 생각한 부분은 ── **초록색**

● 이 중에서 보다 더 중요하다고 생각한 부분은 ── **노란색**

이 외에도 특히 색을 구분해야 한다고 느꼈을 때는 다른 색으로 표시를 해두었습니다. 그래서 언제나 내 노트는 총천연색으로 가득 찼었습니다. 표시를 해둔 부분은 언제나 눈에 잘 들어왔습니다. 단, 색을 이용하면 고치기가 힘드니까 주의해서 사용해야 합니다.

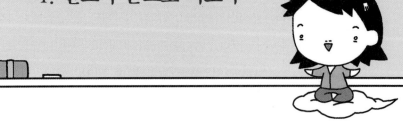

방법 2 **온몸 사용하기**

1. 반드시 손으로 써보자

암기는 단어와 문장을 눈으로만 좇아서는 충분치 않다는 사실을 이미 알고 있지요? 그렇습니다. 눈으로만이 아니라 몸의 다른 부분들을 사용해보면 훨씬 외우기 쉬워집니다.

이제부터 온몸을 사용하는 방법을 이야기해보도록 하겠는데 그전에 강조해둘 사항이 있습니다. 그것은 신체 부위 중에서 가장 손쉽게 사용할 수 있는 부분이 무엇보다도 '손'이라는 점입니다.

우리는 어렸을 때부터 손을 이용해 스펠링 연습, 한자 연습, 계산 연습 등을 해왔습니다. 직접 써보면 쓰는 순서와 스펠링을 잘 기억할 수 있는 장점도 있지만 이 방법은 무엇보다 '뇌를 자극'하는 효과가 큽니다.

다시 말해서 '썼다'고 모두 기억하는 것은 아닙니다. 그렇지만 쓰지 않고 기억하는 것보다 쓰면서 기억하는 것이 뇌에는 보다 큰 자극을 줍니다. 자기가 쓴 이미지를 보면서 **뇌가 마사지**를 받는 효과가 있습니다.

손을 사용해 외울 때는 뇌가 마사지를 받고 있다고 생각해도 좋습니다. 그 정도로 손과 뇌는 상호보완적인 관계입니다.

외울 때는 광고지나 파지 뒷면이라도 좋으니 반드시 손으로 직접 쓰면서 외워봅시다. 글자를 잘 못 써도 괜찮습니다. 볼펜이나 연필 모두 상관없습니다.

어쨌든 써보자구요!

이것이 암기법 가운데 가장 강조하고 싶은 점이라 해도 과언이 아닙니다. 자꾸자꾸 써보기 바랍니다.

2. 귀로 듣고 외우면
효과 두 배

공부하다보면 대부분의 정보는 눈으로 보게 되어 있습니다. 하지만 귀로 듣는 정보가 의외로 잘 기억나지 않나요? 예를 들어 편의점 같은 곳에서 잠깐 들었던 음악이라든지, TV 드라마에서 언뜻 들었던 대사 같은 것 말입니다.

물론 일부러 외우려고 들은 것이 아니기 때문에 기억은 단편적일지 모릅니다. 단, 잠재의식에 정보를 담아 놓는 효과로 보면 귀로 듣는 것도 아주 특별합니다. 조금이라도 암기에 도움이 되는 것이라면 '귀로 듣기' 방법도 적극적으로 생각해볼 수 있겠지요!

귀로 듣고 기억하는 교재들도 시중에 상당히 많이 나와 있습니다. 대표적인 것이 영어 듣기입니다. 듣기 시험은 대학 입시에도 있고 각종 시험에 채택되고 있는 추세입니다. 나 역시 듣기는 따로 대책을 세워 준비했는데 그 방법 중 하나가 '반복해서 듣기'입니다. 라디오의 기초 영어 또는 시판되는 CD 등을 이용했으니 교재로 특별한 것을 사용하지는 않은 셈입니다.

나는 외국어를 잘 못합니다. 영어는 정말 어렵습니다. 그래서 처음에는 잘 들을 수가 없어서, 단지 영어로 들리는 내용을 머릿속에 흘려 넣을 뿐이었습니다.

그렇지만 계속 듣고 있는 사이 독특한 영어의 발음들이 머릿속에 각인되기 시작했습니다. 자꾸 반복해서 흘려듣다보니 머릿속에 들어온 단어들의 의미를 하나 둘씩 의식하면서 들을 수 있게 되었습니다. 그러면서 듣는 이해력이 향상되었지요. 그 다음은 보통 영어 공부와 보조를 맞추니 실력이 늘어갔습니다.

영어뿐만이 아니라 최근에는 다른 교재의 단어집 등에도 CD가 들어 있는 경우가 많습니다. 듣는 사이 머릿속에 '개연성'이 생깁니다. 이 점이 바로 듣는 방법의 효과입니다.

물론 모든 과목들이 듣는 것만으로 이해할 수 있을 만큼 간단하지는 않습니다. 듣기와 더불어 다른 공부법을 적용할 때 비로소 효과가 나옵니다. 얼굴도 모르는 사람이 CD 속에서 말하는 것보다 내가 아는 사람이 말하는 내용이 기억에 오래 남는 것이 당연합니다.

이런 의미에서 문제를 말하게 한다거나 대답을 들어보는 것도 효과적입니다. '아! 맞아, 그것은 엄마가 이렇게 말했지!' 또는

'틀려서 친구한테 지적을 받았어!' 하는 경험이 기억을 해내는 데 도움이 될 수 있습니다.

따라서 듣기를 자꾸 실천해보는 일이 중요합니다.

방법 2 온몸 사용하기

3. 소리도 내고,
발도 움직여라

　다른 사람이 말한 내용을 귀로 듣는 것에서 그치지 않고, 스스로 소리를 내보면 더욱 효과적입니다.

　'책을 소리 내어 읽으면 창조력이 생긴다'는 말이 최근 심심치 않게 언급되고 있습니다. 정말 창조력이 생기는지는 확인된 바가 없지만 암기에는 도움이 됩니다. 구구단을 떠올려볼까요?

　이이는 사, 이삼은 육, 이사 팔……

　이 단어들에 특별한 의미가 있는 것은 아닙니다. 이 숫자들은 그저 계산의 결과일 뿐입니다. 전부 81개나 되는데 우리는 이것을 초등학교 때 배웁니다.

　당연해 보이지만 대단하지 않나요?

　이것은 당시 우리가 구구단을 반복해서 암송했기 때문입니다. 입으로 소리를 내고 머릿속에 집어 넣음으로써 언제까지나 잊지 않고 기억할 수 있는 것입니다. 이것은 스포츠와 비슷합니다. 나는 어릴 때부터 줄곧 농구를 해왔습니다. 농구는 습관의 스포츠라고도 말합니다. 끊임없는 연습에 의해 몸이 움직임을 기억하고 결국에는 무의식적으로 연습한 대로 몸이 움직이는 운동이라는 뜻입니다.

여러 차례 반복해서 읽는 사이 나도 모르게 단어가 튀어나오게 해봅시다. 그러기 위해서는 실제로 소리를 내어 외울 단어를 말해보는 것이 중요합니다. 혼자 공부할 때라면 중얼중얼해도 상관없습니다.

사실 시험 공부할 때 직접 소리를 내보지 않으면 잘 외워지지 않는 단어들이 있습니다. 영어 단어가 그렇고, 세계사에 나오는 어려운 이름들이 그렇습니다. 예를 들어, 마르쿠스아우렐리우스, 안토니우스 등등. 글자만 보고 바로 기억할 수 있나요? 하지만 이 이름을 소리를 내어 읽어보면 의외로 금방 기억나는 것을 경험할 수 있습니다. 까다로운 인물 이름 때문에 세계사 공부를 할 때 고생하는 사람들이 생각보다 많은데 나는 이렇게 말해주고 싶습니다.

잠깐! 일단 한번 소리 내어 읽어보자!

2단계에서 언급했던 '의미 부여하기'도 역시 같은 방법입니다.

고문(古文)에 나오는 익숙하지 않은 단어들도 이렇게 암송을 해보면 그 효과가 상당히 큽니다.

소리를 내면서 손과 발도 적극적으로 사용해보면 어떨까요? 앞에서는 농구를 예로 들었는데 실제로 몸을 움직여 가며 외우는 방법도 아주 효과가 큽니다. 가령, 방 안을 돌아다니며 외울 내용을 가볍게 암송한다든지, 입으로는 외울 내용을 말하면서 체조와 스트레칭을 하는 방법입니다. 물론 춤을 춰도 좋습니다.

왜 이러한 방법이 좋은가 하면 단순히 책상 앞에 앉아서 외우는 것보다 리듬감이 생기기 때문입니다. 또 운동을 할 때는 뇌에서 기분을 활성화시키는 물질이 나오기 때문에 그에 따른 상승효과도 있습니다. 운동부족도 해소할 수 있고 일석이조가 아닐 수 없습니다. 머리뿐 아니라 몸 전체를 움직여 외워봅시다.

방법 3 주위를 이용하기

1. 질문은 언제나 환영!

암기를 진짜 게임처럼 만드는 방법이 있습니다. 그것은 **다른 사람을 끌어들이기**입니다.

예를 들어, 학교나 학원에서 10문제씩 직접 만들어 친구와 서로 맞춰봅니다. 승패를 경쟁하면서 간단한 내기를 해봅니다. 단순한 놀이를 통해서 공부는 훨씬 재미있어지고 능률도 오릅니다.

생각해보면 사람의 기억 속에 남아 있는 추억은 보통 다른 사람과 함께한 일이 대부분입니다. 혼자서 하는 게임은 얼마 지나지 않아 기억에서 쉽게 사라지기 마련입니다.

가족이나 친구들과 함께한 시간들은 설사 그 내용은 잊어버려도 같이했던 기억은 선명하게 남게 됩니다. 기억은 즐거운 일임과 동시에 괴로운 일일 수도 있습니다. 그래도 누군가와 함께한 체험은 우리들의 감정을 자극합니다. 바꾸어 말하면 다른 사람이 관련되면 뇌에 보다 강한 '자극과 실마리'가 생기게 됩니다.

그렇다면 암기를 위해 가족을 끌어들이는 방법은 어떨까요?

내 친구 중에는 형에게 자신이 보는 참고서 내용을 복사해서 주고 식사 후 또는 아침 학교 가기 전에 단어의 뜻이나 수학 공식에 관한 질문을 해달라고 부탁합니다.

물론, 도와주는 사람은 엄마도 좋고 가족 전원이 되어도 좋습니다. 틀린 부분을 지적 받기도 해서 기가 죽을지는 몰라도 기억에는 상당히 오래 남게 됩니다.

방법 3 주위를 이용하기

2. 질문한 만큼 기억한다

"가족들에게 질문해달라고 하는 건 쉬운데 학교에서 하기는 힘들어요."

"나는 혼자 살기 때문에 옆에서 도와줄 사람이 없어!"

이렇게 말하는 사람도 있습니다. 하지만 누구나 다른 사람의 도움을 받을 수 있고, 방법도 간단합니다.

자신이 먼저 다른 사람에게 질문을 하면 됩니다!

이때도 체험 그 자체가 기억에 남기 때문에 질문하는 상대가 자신에게 영향력이 있는 사람이라면 보다 강한 효과가 있습니다. 동경하는 선생님이나 학급에서 가장 성적이 좋아 호감을 갖고 있는 남학생이나 여학생이 그렇습니다. 일단 질문해보면 쉽게 잊혀지지 않습니다. 물론 두근두근 떨리는 마음이 앞서 질문 내용을 제대로 생각하지 못하면 문제이긴 합니다. 반대로 싫어하는 사람에게 질문을 해도 효과가 있습니다. 평소에 무섭다고 생각했던 선생님에게 용기를 내어 다가간다든가, 머리는 좋지만 잘난 체하는 학생에게 물어보는 일 등이 그렇습니다.

싫지만 이것도 하나의 중요한 경험입니다. 자신을 채찍질하는 암기법을 생각해보고 과감히 도전해봅시다.

혹시나 무시를 당하거나 꾸중을 들어도 그 자체가 커다란 충격이 되어 기억에는 분명 도움이 됩니다. 괴로움과 기억해야 할 내용이 뒤섞여 있기 때문에 머릿속에서 좀처럼 떠나질 않습니다.

중요한 시험을 앞두고 이런 기억들을 떠올릴 수 있다면 효과는
아주 큽니다.

실패한 경험은 암기하는 데 빼놓을 수 없는 체험입니다. 암기
노트를 만들 때도 가능하면 '아직 기억 못하는 내용'이라고 틀렸
던 경험을 적어서 정리해놓으면 외우는 데 훨씬 효과적입니다.

모르는 내용을 다른 사람에게 물으면 때로는 창피하고 괴로울
지 모릅니다. 하지만 용기를 내어 그런 경험을 만들어보면 성적
을 올리는 데 더할 나위 없는 좋은 방법이 되기도 합니다.

그러고 보니 내가 학원 다닐 때 학급에서 가장 뛰어난 성적을
올리던 학생은 수업 후에도 마지막까지 남아서 강사에게 질문을
하곤 했던 기억이 납니다. 그런 적극성이 있었기 때문에 그 친구
가 공부를 잘할 수 있지 않았을까요!

주위를 이용하기

3. 가르치는 입장이 되어 본다

　주변을 이용하는 암기 방법 가운데 하나는 내가 질문 받는 대신 누군가에게 질문해보는 일입니다. 즉, 누군가에게 내가 공부한 것을 가르쳐주는 것입니다.

　"가르칠 수 있을 정도라면 외울 필요가 없지 않을까?"라고 말할 수도 있지만 절대 그렇지 않습니다.

　실제로 누군가를 가르쳐보면 이 사실은 명확해집니다. 나 역시 도쿄대 입학 후 아르바이트로 학생들을 가르치고 있는데, 그동안 나도 애매모호하게 알고 있던 내용이 학생들을 가르치면서 명확해졌습니다. 내용도 잘 정리되고 기억도 한 차원 업그레이드 됩니다.

　이 책을 쓰면서 다른 작가분들과 만날 기회가 있었습니다. 그분들은 글도 쓰시고 강연도 하시는데 나와 같은 생각을 하고 계셨습니다. 책 한 권을 썼다고 해도 그 단계에서는 자신이 쓴 내용이 머릿속에 분명하게 들어오지 않는다고 합니다. 그러나 다른 사람에게 그 내용을 이야기하다 보면 자신의 생각이 보다 명확해지고 확고부동해진다고 합니다.

'말에는 힘이 있다'는 말들을 많이 하는데, 이는 말하는 것의 장점을 아주 잘 표현합니다.

그럼 시험공부를 하고 있는 학생이 누구를 가르치면 좋을까요? 주변을 돌아보세요. 당신과 똑같이 공부하고 있는 학생들이 얼마나 많습니까?

서로에게 좋은 일이므로 친구들끼리 서로 가르치고 스터디 모임을 가지면 도움이 됩니다. 주제와 교재를 하나씩 배정해 각자 문제 수를 정해서 교대로 서로에게 가르쳐주는 공부도 상당한 효과가 있습니다. 또 친구가 있으면 다양한 공부가 가능해집니다. 예를 들어 2단계에서 '독특한 의미 부여하기' 방법을 소개했는데 이것을 그룹 모임에서 해봐도 효과가 높습니다. 누가 적절한 의미 부여하기를 하는가 등을 경쟁하면서 이긴 사람에게 상을 주기도 하고 격려해주면 공부가 훨씬 재미있어집니다.

다른 사람이 적절한 의미 부여하기를 만들면 그것을 그대로 참고할 수 있습니다. 또한 '누가 만들었다' 또는 이상한 소리를 해서 모두가 웃게 된 경험 등은 나중에도 기억에 오래 남습니다.

수험 생활이 이어지면 친구와의 관계는 자연히 소원해질 수 있습니다. '이제 그만 놀자' 하는 마음도 들고, 선생님과 부모님들 중에도 모두를 적으로 생각하라고 설교하는 분들도 있습니다. 그러나 나는 오히려 그 반대라고 생각합니다. 중요한 시기인 만큼 오히려 친구들과 협력하여 대처하는 것이 중요하지 않을까요?

드라마로도 만들어진 유명한 만화 『드래곤 사쿠라』를 보면 주인공인 사쿠라기 변호사가 학생들을 도쿄대에 보내려고 독특한 공부법을 씁니다. 학생들이 각각 자신이 맡은 곳을 공부하고 서로에게 선생이 되어 역할을 분담하는, 이른바 '스크럼 공부법'입니다. 이 방법은 특히 암기에 효과적입니다. 친구가 있어 부담도 덜고 시간이 절약되기 때문에 훨씬 효율적입니다. 상대를 추락시키지 않으려는 생각이 오히려 자신에게 도움이 됩니다.

또한 서로 격려하고 경쟁하면서 서로에게 엄청난 힘이 됩니다. 나 역시 친구들이 입시공부에 상당한 도움이 되었습니다. 고등학교 때부터 친했던 친구와 함께 공부해서 동시에 도쿄대에 입학할 수 있었습니다. 재수를 하면서 학원을 다닐 때는 그 친구와 자주 만나지 못했지만, 이따금씩 서로 위로해주고 격려해주는 것만으로도 서로에게 강한 힘이 되었습니다. 대학생이 된 지금도, 앞으로도 서로에게 도움이 될 수 있는 훌륭한 친구 관계가 이어질 것이라고 믿습니다.

이번 기회에 여러분들도 친구의 소중함을 느껴보시기 바랍니다.

방법 1 정리하기

1. 암기는 모든 힘의 원천

2단계에서 정답과 대답을 하나로 묶어 외우면 좋다고 얘기했습니다. 하지만 입시에 필요한 공부란 그렇게 단순하지만은 않습니다.

수학의 경우 단편적인 암기가 아니라 사고력과 계산력이 요구됩니다. 이것이 몸에 배이지 않은 사람은 공부를 해도 의미가 없기 때문에 문과를 지망하거나, 아예 진학을 포기하는 경우가 생길 수 있습니다.

그 외의 과목 가운데 영어는 그 배점의 대부분을 독해문제가 차지합니다. 국어 역시 현대문은 특별한 방법이 없습니다. 암기가 필요한 사회 과목에서도 논술 형식의 문제가 출제되고 있습니다.

'그렇다면 아무리 열심히 외워도 소용없잖아!' 하고 생각할 수 있습니다.

나는 암기 자체가 공부라는 생각은 하지 않습니다.

단, 독해력이든, 수학에서의 문제 처리 능력이든, 논술력이든 외운 것을 어떻게 적절히 적용할 수 있는가에 달려 있습니다. 따라서 암기는 결코 쓸데없는 일이 아닙니다. 효과적으로 많은 내용들을 외우면 어떠한 문제를 푸는 데도 그만큼 도움이 됩니다.

영어 문장을 독해할 때 많은 단어를 기억하고 있으면 문맥을 잘 파악할 수 있게 됩니다. 이것은 분명한 사실입니다. 단어를 아무리 많이 알고 있어도 긴 문장을 읽다보면 모르는 단어가 나오기 마련입니다. 그렇지만 모르는 단어를 추측하는 것은 다른 단어들을 얼마나 많이 알고 있는가에 달려 있습니다. 모르는 단어만 있으면 내용 전체를 전혀 알 수 없습니다.

다시 말해서 단어를 많이 알면 알수록 내용을 추측할 수 있는 힘이 생깁니다. 감이 좋은 사람 가운데 "단어는 최소한만 외운다"고 하는 사람이 있는데, 이는 근거가 없다고 할 수 있습니다.

더욱이 국어의 경우도 암기가 전혀 무의미하다고만은 말할 수 없습니다. 예를 들어 긴 지문에는 '정보화사회', '고령화' 또는 '환경문제' 등 자주 등장하는 주제들이 있습니다.

이런 주제에 대해 '아, 이런 문제가 나오면 이런 논점이 있었지'라는 포인트를 알고 있으면 상당히 유리해집니다. '정보'라는 키워드가 나오면 '정보의 취사선택을 해서 진실을 분명히 하는 일이 중요하다' 또는 '인터넷은 쌍방향적인 정보전달 수단으로서 획기적이다'라는 점들을 생각해볼 수 있습니다.

지식이라기보다는 감상적인 암기가 되겠지만 이것도 그 상황에 따른 사고력만으로 해결하는 것이 아니라 '기억하고 있던 내용'과 '공부했던 것'으로 다룰 문제입니다.

나아가 사회과목의 논술문제 역시 '지식'이 얼마나 효율적으로 연결되고 있는지가 해결의 열쇠가 됩니다. 넓은 의미에서 암기가 대부분의 문제를 푸는 열쇠가 된다는 점을 간과해선 안 됩니다.

그러므로 반드시 필요한 것은 **작은 암기로 커다란 문제를 푼다**는 자세입니다. 이런 식으로 생각하면 어떤 복잡한 문제도 결코 두려워하지 않게 됩니다.

방법 1 정리하기

2. 흐름을 잡아라!

정리하는 암기법이 가장 효과적으로 작용하는 과목은 사회과 과목이 아닌가 싶습니다. 조선시대의 토지제도 변화를 한번 살펴보도록 합시다.

과전법→직전법→관수관급제→녹봉

- **과전법**- 국가에서 관리들에게 토지를 지급하는 제도로, 원칙적으로 세습이 금지됨
- **직전법**- 원칙적으로 세습이 금지되던 과전이 수신전과 휼양전의 명목으로 세습되면서 폐해가 따르자 관리에게 지급하던 토지 반납을 사망 후에서 퇴직 후로 바꿈
- **관수관급제**- 관에서 직접 조(租)를 수취하여 국가의 지배권을

강화하는 한편 토지의 사전화(私田化)를 막기 위한 제도

●**녹봉**- 직전제마저 폐지하고 관리에게 오로지 녹봉만을 지급
하는 제도로 왕권 강화 목적

위 내용을 따로따로 보면 어려울 수 있으나 왕권 강화라는 맥
락에서 연결하면 흐름을 쉽게 파악할 수 있습니다.

즉, 초기 국가에서는 관리들에게 과전을 지급해서 토지가 귀족
에게 넘어갔습니다. 그러자 왕권이 약화되고 토지제도의 병폐가
일어나기 시작했습니다. 이에 나라에서는 직전법, 관수관급제,

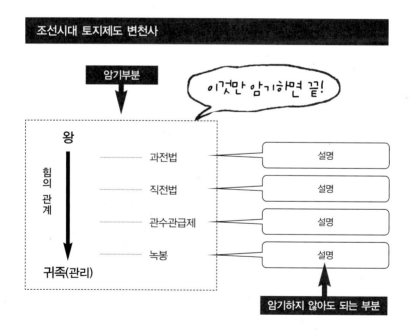

조선시대 토지제도 변천사

암기부분

이것만 암기하면 끝!

왕

힘의 관계

과전법 ─ 설명
직전법 ─ 설명
관수관급제 ─ 설명
녹봉 ─ 설명

귀족(관리)

암기하지 않아도 되는 부분

녹봉을 실시하면서 토지의 사유화를 막고 왕권을 다시 강화하려
고 했습니다. 왕권을 유지하는 수단으로 '조선시대 토지제도'의
전체적인 흐름을 한눈에 볼 수 있습니다.

역사란 인간이 선택한 결과를 후세의 우리들이 '흐름'을 통해
추적해가는 학문입니다.

방법 1 정리하기

3. 흐름의 폭을 넓혀 생각한다

물론 세계사에도 정리가 굉장히 중요합니다. 아니 세계사야말로 **하나의 흐름으로 정리하는 능력**이 절대적으로 필요합니다. 왜냐하면 범위가 넓기 때문에 외운 내용이 제각각 떨어져 흐름에 혼동을 주기 쉽기 때문입니다.

그리스·로마 시대를 공부했는가 싶으면 갑자기 중국 역사가 나오고 이슬람과 유럽의 역사를 공부하다가 또 다시 중국 역사로 돌아가곤 합니다.

세계사는 암기과목이기 때문에 무조건 외워서 단어와 용어들을 머릿속에 집어넣어야 한다고 말하는 사람들도 있습니다. 그러나 시작부터 제각각이면 금방 흐름을 놓쳐 머릿속이 혼란스러워집니다. 그래서 이렇게 따로 외우는 방법은 효과가 떨어집니다.

일단 역사 흐름을 시대별로 정리할 필요가 있습니다. 예를 들어, 유럽에서도 프랑스, 영국, 독일의 세계사 흐름은 다릅니다. 그렇지만 프랑스의 근대사를 '프랑크 왕국→중세의 약화(잔다르크)→절대왕정(루이14세 등)→프랑스 혁명→나폴레옹→왕정복고→루이 나폴레옹' 식으로 흐름을 잡아 놓으면 세밀한 부분들을 이해하기가 쉬워집니다.

너무나 많고 어려워 보이는 중국 역사 또한 왕조의 반복입니다. 따라서 흐름을 붙잡으면 비교적 간단해집니다.

하지만 이것만으로 끝내면 이번에는 주변국과의 관계를 알 수 없습니다. 그래서 '흐름 정리'와 더불어 '주변 관계 정리'를 해두면 크게 도움이 됩니다.

● **16세기**

중동 지역에서는 오스만투르크제국과 무굴제국이 점차 약해지고, 유럽은 중세 봉건제에서 절대왕정으로→변화되어가는 과정에서 대항해시대가 열림

아메리카 대륙의 고대국가와 접촉
중국 명나라와도 접촉
일본에도 포루투갈인이 들어옴──전국시대

종적 흐름 · 횡적 흐름

종적 흐름(프랑스)

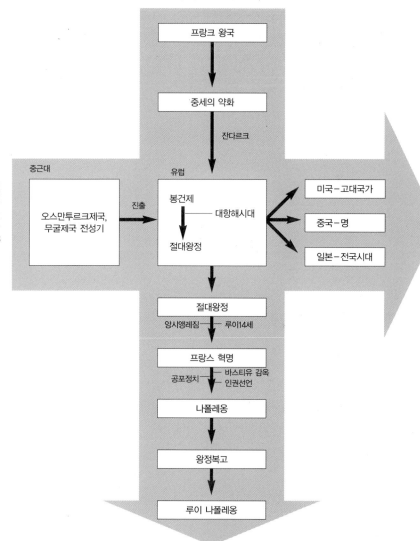

프랑크 왕국

중세의 약화

잔다르크

중근대 | 유럽

횡적 흐름(16세기)

오스만투르크제국, 무굴제국 전성기 — 진출 →

봉건제 — 대항해시대
절대왕정

미국 — 고대국가

중국 — 명

일본 — 전국시대

절대왕정

앙시앵레짐 — 루이14세

프랑스 혁명

공포정치 — 바스티유 감옥 / 인권선언

나폴레옹

왕정복고

루이 나폴레옹

다시 정리하면 중동에서 이슬람이 강했기 때문에 유럽 제국이 반대인 바다로 진출을 꾀한 것입니다. 그래서 미국, 일본, 중국으로 관심이 이동하게 되었고, 이 과정을 거치면서 각국 왕의 힘이 강해지기 시작했습니다.

주변 관계를 정리하면 이해력이 점차 늘어납니다. 물론 세계사를 공부하지 않는 이과계열의 학생에게는 관계없는 이야기가 될 수도 있습니다. 그렇지만 지금의 정리법은 다른 과목에 적절히 적용해도 아주 큰 효과가 있기 때문에 입학시험을 준비하는 학생들에게 적극 추천합니다. 특히 도쿄대의 경우에는 필수입니다.

도쿄대의 세계사 입시는 세 개의 문항으로 구성되는데 첫째는 몇 가지 중요 단어를 제시하고 400~600자 정도의 논술을 작성합니다. 두 번째 문항은 약간 변화가 있지만 중간 분량의 논술 문제이고 세 번째 문항은 일문일답식으로 이루어져 있습니다.

즉, 세 번째 문항에 대한 대비책은 암기 위주고 그 관련성 파악이 두 번째 문항으로 이어지며 이것들을 체계화하여 첫 번째 문항이 나오는 것입니다. 그러므로 세밀한 내용을 하나로 정리해두는 공부 자체가 곧 도쿄대 입시 대비책이 됩니다.

이것을 깨달으면 시험공부를 할 때 세계사에 들이는 시간을 상당히 줄일 수 있습니다. 이러한 전략을 세울 수 있는 것도 역시 암기의 효과입니다.

방법 2 분할하기

1. 머릿속에 정리 상자를 만들자

간단한 암기로 복잡한 문제를 해결한다는 것을 거꾸로 생각하면 다음과 같은 테크닉이 만들어집니다.

복잡하고 긴 내용은 작게 나누어 하나씩 기억한다!

나는 이것을 **블록 암기**라고 부릅니다. 이미 1단계에서 언급한 내용입니다.

1 4 1 4 2 1 1 7 3 2 0 5

이대로 기억하는 것보다 〔1414〕 〔21〕 〔173〕 〔205〕로 나누어 한 묶음씩 기억하는 방법이 훨씬 간단하게 외울 수 있습니다.

사실 우리는 무의식적으로 이런 방법을 일상생활 속에서 활용하고 있습니다. 대표적인 예가 주소입니다.

서울시 종로구 원서동 65-3

이것을 본 대부분의 사람들은 〔서울시〕〔종로구〕〔원서동〕〔65-3〕이라는 네 개의 블록으로 나누어 생각합니다. 그리고 〔서울시〕는 대부분 별로 의식하지 않습니다. 〔종로구〕라는 단어도 친숙하기 때문에 금방 머릿속에 들어옵니다.

그러나 〔원서동〕이라는 단어는 서울에 사는 사람도 다소 생소할 수 있습니다. 종로구하면 인사동이나 혜화동 등이 훨씬 익숙하게 자리 잡고 있습니다. 따라서 이 주소를 완전히 기억하기까지는 다소 시간이 걸립니다. 물론 자신과 어떤 관련성을 가졌다면 그 때문에 기억에 강하게 자리 잡을 수 있습니다.

그 다음이 〔65-3〕인데 이것은 여전히 기억에 혼동을 줍니다. 심한 경우에는 그때그때 확인해야 할 수도 있습니다. 만약 이 주소로 우편물을 계속 보내거나 하면 자연스럽게 기억에 남게 되겠지만 그렇지 않을 경우 확실한 기억 속에 담기까지는 꽤 시간이 걸릴 것입니다.

당연한 일이지만 이렇게 나누어 기억하기 때문에 블록에 따라 기억의 차이가 발생할 수 있습니다. 처음에 〔서울시 종로구 원서동 65-3]을 한꺼번에 기억하는 일은 번거롭지만 자연스럽게 나누어서 기억하면 그다지 어려운 일도 아닙니다.

복잡한 것을 외울 때는 이런 블록화 방법을 이용해봅시다.

간단하게 요약하면 복잡한 머릿속 기억들을 따로따로 기억 상자를 만들어 정리해두는 방법입니다.

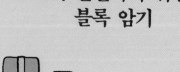 분할하기

2. 연결하기 위한
블록 암기

 그럼 구체적으로 '블록 암기'를 어떻게 활용할까요?

 우선 암기와 개연성이 가장 떨어진다는 수학을 생각해봅시다. 함수에 나오는 문제를 예로 들어보겠습니다.

 좌표 평면상의 네 개의 점 $A(1, 0)$, $B(2, 0)$, $C(2, 8)$, $D(1, 8)$을 정점으로 하는 장방형을 R이라고 하자. 또한 $0 < t < 4$ 에 대하여 원점 $O(0, 0)$, 점 $E(4, 0)$, 그리고 점 $P(t, 8t-2t^2)$의 세 점을 정점으로 하는 삼각형을 $T(t)$라고 한다. R의 내부와 $T(t)$ 내부와의 공통부분 면적 $f(t)$를 구하고 그 최대치를 구하라.

 언뜻 보면 무슨 말인지 잘 들어오지 않습니다. 문제가 너무 어려웠다면 미안합니다. 단, 전체를 보고 겁먹기 전에 블록화해서 생각해보라고 말하고 싶습니다.

　이 문제의 핵심은 다음의 세 가지입니다.

---

　1. 그래프로 그림을 그려보고 신중하게 나누어 생각한다.

　2. 범위를 나누어 본다(0 < t ≤ 1, 1 < t < 2, 2 ≤ t ≤ 4).

　3. 최대치를 구한다.

　이 세 개의 부분은 최종적으로 문제를 풀기 위한 과정이 됩니다. 그리고 중요한 사항은 이 세 개의 과정만 파악하면 나머지 부분은 계산으로 보충할 수 있습니다. 반대로 이런 과정이 떠오르지 않을 경우 어딘가 잘못이 있다는 이야기가 됩니다. 그렇다면 문제마다 과정을 기억해놓으면 수학은 의외로 쉽게 풀리지 않을까요!

　다시 말해서 수학 문제는 하나의 이야기를 풀어내는 과정이라고 생각하면 됩니다. 하지만 조금 어려운 이야기라고 생각될 수 있겠지요.

　수학의 해법에는 블록 암기로 풀 수 있는 문제가 많습니다. 따라서 해법을 암기하는 방법도 효과적이라고 선생님들은 말씀하십니다. 물론 그렇게 하기 위해서는 많은 문제를 풀어봐야 합니다.

　우선 해법을 명확히 이해하고 중요한 포인트만을 다시 한 번 풀어보는 암기법이 좋습니다. 이렇게 하면 어려운 수학도 암기로 정복할 수 있는 과목으로 변합니다. 방법은 얼마든지 있습니다.

2단계에서 설명한 '암기 카드'를 활용할 수도 있습니다.

카드라고는 해도 단어 카드처럼 '짧은 단어'를 '짧은 의미'로 바꾸는 것이라고 생각하면 안 됩니다. 커다란 카드를 사용해 앞면에 문제를 씁니다. 그리고 뒤에는 답이 아니라 '과정'만 씁니다. 이렇게 하면 어려운 수학도 암기로 할 수 있습니다.

방법 2 분할하기

3. 배경지식은 나의 힘

지금까지 설명한 과정은 수학에만 응용 가능한 것이 아닙니다. 다른 과목은 물론 훨씬 복잡한 문제에도 응용할 수 있습니다.

- ● 로마제국이 붕괴하는 과정
- ● 식물의 광합성 과정

이런 문제들에도 카드를 응용할 수 있습니다. 어려운 논술식 문제라면 표지에 문제를 그대로 쓰고 뒷면에 과정만을 대답하도록 하는 방법도 가능합니다. 이런 방법은 대학입시뿐 아니라 각종 논술시험 또는 면접에도 적용할 수 있습니다. IT 관련 회사로 전직을 모색하고 있는 영업사원이 면접을 준비하는 과정을 생각해봅시다.

> ● 인터넷이 급속히 보급되었다.
>
> ● 인간적인 면이 경시되는 측면이 있다.
>
> ● 메일 커뮤니케이션에서도 보다 인간적인 측면이 강조되는 경향
>   이 있다.
>
> ● 자신의 경험은 점차 간소화되는 웹 공간에 응용할 수 있다.

이런 식으로 면접에서 나올 만한 여러 논점들을 정리해 기억할 수 있습니다.

국어나 언어 시험에 나오는 긴 지문 역시 논점을 추상, 객관과 주관, 합리성, 근대, 자아, 역설, 개념 등으로 나누어 기억해두면 문장을 읽을 때 이해가 빠릅니다. 사회과목도 논점의 패턴을 기억해두면 문제가 어떤 답을 원하는지 쉽게 파악됩니다.

논술이나 소논문을 쓸 때도 글로벌화와 정보사회, 민주주의, 고령화사회 등 자주 나오는 핵심 단어들을 기억해두면 해결이 수월해집니다.

이렇게 공부 방법은 얼마든지 만들어낼 수 있습니다!

방법 3 관련짓기

1. 장소 기억법의 비결

고대부터 지금까지 암기의 달인들이 즐겨 사용하는 방법 가운데 **장소 기억법**이라는 것이 있습니다. 웅변가인 키케로도 이것을 실천했다는 이야기가 있을 정도니 암기의 핵심이라 해도 과언이 아닙니다.

『기억하는 기술』이라는 책에는 이 내용이 상세하게 나와 있는데 그 책을 인용해 설명해보겠습니다.

예를 들어, 일이 있어 여섯 곳을 들르지 않으면 안 된다고 해봅시다.

은행 세탁소 우체국 편의점 꽃집 책방

이것을 잊어버리지 않으려면 어떻게 기억해두어야 할까요?

장소 기억법에서는 우선 자신이 반드시 기억하고 있는 여섯 개의 장소를 끄집어냅니다. 자신의 집 입구인 아파트에서 내 방문까지라고 가정해봅시다.

1. 아파트 현관
2. 관리실
3. 우체함
4. 엘리베이터
5. 엘리베이터 앞 통로
6. 내 방문

일단 자신이 익숙하게 이용하는 장소를 순서대로 설정합니다. 그리고 기억해야 할 여섯 장소를 설정한 익숙한 장소에 연결시킵니다. 중요한 점은 머릿속에 연결 지은 이미지를 제대로 기억하는 일입니다.

1. 아파트 현관 입구에 웬일인지 은행 자동인출기가 놓여 있다.
2. 관리인 아저씨가 옷을 개고 있다.
3. 우체함에 우편물이 있다.
4. 엘리베이터 문이 열리면 '어서 오세요' 소리가 난다.

5. 통로에 꽃이 놓여 있다.

6. 방문 앞에 책이 한 권 놓여 있다.

어떻습니까? 익숙한 것과 연결시키면 확실하게 기억할 수 있습니다. 정말 그렇게 될까 하는 의문을 표시할 수도 있습니다. 하지만 실제로 해보면 상당히 효과적이라는 사실을 경험하게 될 것입니다.

핵심은 **얼마나 강한 이미지를 만들까입니다.**

이와 같은 장소 기억법으로 굉장히 많은 정보를 기억하는 사람들이 있다고 합니다. 건물에 이름을 붙여보고, 자신이 평소 걸어다니는 풍경들을 눈여겨보면 생각보다 강력한 암기법이 될 수 있습니다.

방법 3 관련짓기

2. 장소 기억법으로 하는 영어 암기

    장소 기억법은 입시 공부에도 응용할 수 있습니다. 나는 이것을 '산책 암기법'이라고 부르는데 특히나 좋아하는 암기법 중 하나입니다. 영어 단어를 빨리 외우는 데 이 방법을 많이 사용했습니다.

    3단계에서 설명한 암기 노트 중 외우지 못했던 영어 단어나 숙어를 집으로 돌아오는 길에 장소 기억을 응용해 시도해볼 수 있습니다.

> ● enough to do (～하는 데 충분한)
>
> ● even if S(주어)＋V(동사) (설령 ～가 ～라도)
>
> ● make up for (～을 보충하다, ～을 메우다)
>
> ● A as well as B (A처럼 B도)
>
> ● have trouble with (～에 관한 문제가 있다)

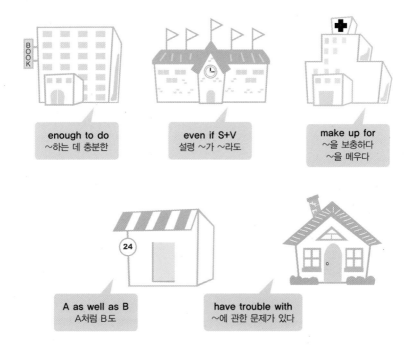

enough to do
～하는 데 충분한

even if S+V
설령 ～가 ～라도

make up for
～을 보충하다
～을 메우다

A as well as B
A처럼 B도

have trouble with
～에 관한 문제가 있다

- 나는 책을 사기에 충분한 돈이 있다.

- 설령 비가 오더라도 자전거로 학교에 간다.

- 이 병원은 간호사를 모집하고 있다.

- 나이 든 사람들도 젊은 사람들처럼 편의점에서 물건을 산다.

- 우리집은 난방에 문제가 있다.

이것을 응용해서 "I have enough money to buy a book." "Even if it rains, I will go to school by the bicycle." 등의 영어 문장을 만들어볼 수 있습니다.

단, 여기서 중요한 점은 영문이 맞나 틀렸나 하는 것보다 숙어 그 자체의 의미를 생각하는 일입니다. 외우기 위한 실마리로 응용한다면 제로에서 출발하는 것보다 훨씬 효과적입니다.

복잡한 것을 기억할 때도 이 장소 기억법은 아주 편리합니다. **순서**만 기억할 수 있다면 **흐름**을 잡을 수 있기 때문입니다. 굳이 순서에 집착하지 않아도 좋습니다. 나는 여행을 좋아하는데 이 경우 직접 돌아본 도시 순서에 기억하고 싶은 내용을 연결해보기도 합니다.

모스크바→베네치아→피렌체→로마→시실리→나폴리→밀라노 →모나코→니스→마르세유→바르셀로나→마드리드

또한 방 안에 놓여 있는 가구와 물건의 장소를 순서대로 기억하기도 하고 자신의 신체 부위를 순서대로 적용해보기도 합니다.

방법 3 관련짓기

3. 길거리는 암기의 현장

　'기억의 장소'를 만드는 핵심은 무엇보다도 '이미지화하는 것'입니다. 조금 억지스럽더라도 '원래부터 머릿속에 그리고 있던 요소'와 '기억할 요소'를 연관 짓는 일입니다.

　이렇게 연관 지은 이미지가 강할 때 비로소 기억을 할 수 있게 됩니다. 가장 이미지가 강한 (원래부터 머릿속에 있던) 요소는 역시 인간입니다. 다시 말해서 기억하고 싶은 내용을 주변 사람과 연결 지어 보는 방법입니다. 이것을 **인간관계 암기법**이라고 합니다.

　특히 사람과 사람을 연결 짓는 일이 쉽습니다. 따라서 역사적 사건 등을 기억하는 데는 이 방법이 상당히 효과적입니다.

　전철에서 항상 마주치는 여자가 있다고 칩시다. 이야기해본 적은 없지만 우아한 이미지를 풍기는 여인입니다. 그렇다면 그녀를 흔치 않은 여왕인 '진덕여왕'이라고 생각해봅니다. 여기서부터 연상이 확대되기 시작합니다.

아버지는 갈문왕, 선덕여왕의 뒤를 이어 즉위했다. 연호를 태화
라 함. 김춘추를 당에 보내 백제 정벌 원군을 요청했다. 김유신
으로 하여금 삼국통일의 기틀을 마련하게 했다.

조금 억지스러워도 좋습니다. 어쨌든 이미지를 만드는 일이 중
요하니까요. 무엇보다 상상하는 일이 즐겁고 '실마리'도 생깁니
다. 이러한 관련성을 토대로 완벽한 암기를 할 수 있게 됩니다.

방법 3 관련짓기

4. 인간관계는 암기의 좋은 재료

등장인물을 자신이 알고 있는 사람들과 연관 지으면 복잡한 역사적 사건도 쉽게 이미지화할 수 있습니다.

2단계 의미 부여하기에서도 언급했던 교황 우르바누스 2세는 십자군 운동을 주창했습니다. 십자군이란 이슬람에 점령된 성지 예루살렘을 크리스트교 성지로 회복하려는 운동입니다. 당신이 지금은 축구부를 그만 둔 예전 축구부원이라고 생각하고 '예루살렘＝운동장'을 연상해봅니다.

자, 선생님 부대가 운동장을 점령합니다. 선생님 부대란 셀주크 투르크, 학생들은 크리스트교도 연맹이 됩니다. 운동장을 쓸 수 없게 된 것은 축구부를 탈퇴한 당신이 아니라 당신의 후배들입니다. 그런데 후배 중 한 명이 당신(우르바누스 2세)을 찾아와 도움을 요청합니다. 이 후배는 비잔틴제국 황제인 알렉시우스 1세. 단,

복잡한 내용을 외운다　**155**

당신과는 코치가 틀립니다. 즉, 교파가 다른 것이지요(비잔틴제국 황제＝동방정교회). 이렇게 말하면 어딘지 제멋대로인 느낌이 들긴 하지만 열심히 상상해봅시다.

축구부, 농구부, 럭비부 등의 부원들이 단결해서 제1회 십자군이 일어납니다. 그리고 학생연맹이 자치조직을 만들어 운동장을 회복합니다. 이것이 예루살렘 왕국입니다.

그러나 선생님들도 가만히 있지만은 않았지요. 엄격하고 무섭기로 소문난 체육 선생님이 새로운 나라를 만들어 운동장을 탈환합니다. 이 선생님이 사라딘입니다.

이야기는 점차 확대되지만(물론 당신의 공상과 사실과는 다릅니다) 이렇게 만든 이미지로 역사적 사건과 흐름이 쉽게 이해될 수 있습니다.

2단계에서는 임팩트가 있는 하나의 이미지로 암기하는 방법을 설명했는데, 여기서는 그 이미지를 이야기로 전개해봤습니다.

다시 말해서, 이미지뿐만 아니라 동영상으로 기억하는 방법입니다. 이렇게 자신이 스스로 만들면 외울 수 있는 정보량도 훨씬 많아집니다.

방법 3 관련짓기

5. 친구와 연관 짓는다

　사람 연관 짓기는 역사에만 적용되는 암기법이 아닙니다. 무엇이든 주변 사람들과 연관 짓는 방법으로 실마리를 만들어낼 수 있습니다.

　외우기가 까다로운 생물을 예로 들어 보겠습니다.

● 중추신경 부위

대뇌신피질−학습, 사고, 판단 등

대뇌변연계−본능욕구

소뇌−운동조절, 평형감각

간뇌−내분비계와 자율신경의 중추

중뇌−안구운동, 자세유지

연수-호흡, 심장, 수액의 분비

척수-반사, 발한, 배설 등

이것들을 그 특징에 따라 주변 사람들과 연결 지을 수 있습니다.

- **신피질**은 역시 사물을 신중하게 생각하는 민수에게
- 그 반대로 본능의 **대뇌변연계**는 신중치 못한 선영에게
- 혜선과 주영은 자리가 붙어 있으니까 **대뇌** 콤비
- 운동을 관장하는 **소뇌**는 만능 스포츠맨인 정환에게
- **간뇌**는 중요한 자율신경의 중추이므로 건강해야 해. 그래서 반에 서 제일 튼튼한 철민에게
- **중뇌**는 위에서 봐도 보이지 않는다. 그러니까 잘 눈에 띄지 않지 만 자세히 보면 눈이 아름다운 은희에게
- **연수**는 달릴 때 호흡을 조절하고 심장을 관장하니까, 잘 먹는 육 상부 지완에게
- **척수**는 여자가 말을 걸어오면 반응이 빠른 성준에게

이렇게 반 친구들의 특징을 잡아 연결해볼 수도 있습니다. 꼭 반 친구가 아니더라도 자신이 알고 있는 사람과 관련지으면 암기 가 간단해지지 않을까요!

그밖에도 누구와 누가 사이가 좋은지, 반대로 사이가 안 좋은

지 그리고 단순히 자리 순서와 출석표 순서라도 그 나름대로 실마리가 됩니다.

학급 인원이 40명이면 마흔 가지를 그 사람들에게 적용시켜 외울 수 있습니다. 물론 사회인일 경우 직장과 거래처 사람들을 적용할 수 있습니다. 이 방법을 적절히 이용하면서 자기 나름대로의 암기법을 고안해봅시다.

방법 3 관련짓기

6. 배우처럼 외운다

　연관 짓는 인물은 연예인이나 만화 주인공, 그리고 드라마 주인공도 괜찮습니다. 역사 역시 각각의 역할을 배정하면 그 자체가 드라마가 됩니다. 나는 역사 공부를 하면서 배우들이 어떻게 대본을 외우는지 궁금해졌습니다. 연극부 친구들에게 물었더니 애써 외우는 사람도 있지만 대본을 몇 번 읽으면 자연스럽게 외워지는 사람도 있다고 합니다. 그렇다고 그 사람들이 다른 것도 그렇게 자연스럽게 잘 외우는지 물어보면 꼭 그렇지만은 않다고 합니다.

　그렇다면 왜 대본은 특별하게 잘 외울까요? 가장 큰 첫 번째 이유는 '좋아서 하기 때문'입니다. 또 '외우려고' 하는 것보다는 '역할에 충실하려고' 하는 생각이 더 강하기 때문이기도 합니다.

대사를 기억한다 → 연기할 때 말한다 (✕)

대사와 함께 연기하는 사람의 이미지를 머릿속에 그려본다 → 자신이 말하는 것이 아니라 역할의 인물에게 대사를 말하게 한다 (◯)

그러고 보니 좋아하는 가수의 노래를 한두 번 듣기만 해도 노래 전체를 기억하는 사람들도 자주 봅니다. 이것도 **자신이 부른다**는 감각이 아니라 **가수가 되어 부른다**고 생각하기 때문에 자연스럽게 외워지는 것입니다.

그럼, 이런 감각을 공부할 때 그대로 살릴 수는 없을까요?

기억하고 싶은 내용을 그대로 대사로 바꾸어보는 것입니다. 상황은 어떤 것이라도 좋습니다. 전혀 관계없는 대사라도 좋고 의미가 불분명한 말이라도 좋습니다.

단, 암기 내용을 암송하는 것뿐만 아니라 자신이 떠올리기 쉬운 인물에 암기할 내용을 말하게 한다는 점이 중요합니다.

방법 3 **관련짓기**

7. 대사에 의미 부여하기

　드라마나 영화의 한 장면을 떠올리며 대사들을 생각해봅니다. 그리고 그 대사들에 자신이 외우려는 내용들을 일치시킵니다. 다음과 같은 대사가 있다고 해봅시다.

장군: 추워졌구나!

부하: 그렇습니다. 여름이 기다려지는 계절입니다.

장군: 여름은 아직도 멀었지.

부하: 아침에 분부하신 사냥 준비는 다 되었습니다.

장군: 오늘은 저 산정 높이 올라가보고 싶구나!

부하: 날씨가 차옵니다.

　자, 이 대사에 의미를 부여해봅시다. 위 대사를 '식물군락'에 대입합니다.

- 추워졌구나! —— **아한대 침엽수림**
- 여름은 아직도 멀었지 —— **상록 활엽수림**
- 아침에 분부하신 —— **조엽수림**
- 산정 높이 올라가 —— **고산대 침엽수림**

열심히 외우려 해도 쉽게 정리되지 않고 산만하던 내용들이 간단한 의미 부여하기로 일목요연하게 정리됩니다. 따라서 입으로만 중얼거리는 것보다는 쉽게 머릿속에 들어옵니다. 자신이 좋아하는 드라마나 영화의 기억에 남는 대사들을 응용해 의미를 부여해봅시다. 어떤 과목의 어떤 내용을 적용할까 고민하는 과정에서도 많은 공부가 될 것입니다. 공부가 놀이가 되는 순간입니다!

1. 반복해도 귀찮지 않다

지금까지 암기의 기술에 대해 설명했습니다. 이 방법들을 잘 활용하면 보다 효과적인 공부가 가능합니다. 그리고 그 성과는 반드시 돌아옵니다.

단, 한 가지 꼭 기억해두어야 할 내용이 있습니다.

인간은 망각의 동물이다.

이것은 사실입니다. 즉, 아무리 완벽하게 외웠다고 해도 시간이 흐름에 따라 잊기 마련입니다. 1단계에서 이야기한 바대로 이것이 태어날 때부터 가지고 있는 뇌의 구조이기 때문에 어쩔 수가 없습니다. 이런 한계를 극복하는 방법은 단 한 가지밖에 없습니다.

반복하기

운동을 하는 사람은 대부분 경험합니다. 시합에서 하나의 플레이를 하기 위해서는 똑같은 동작의 반복 훈련을 할 수밖에 없다는 사실을 잘 알 것입니다. 연습만이 실전에서 써먹을 수 있는 기술을 습득하게 합니다.

피아노, 붓글씨, 수영 등등 그 어느 것이나 마찬가지입니다. 공부나 암기 역시 반복하는 사이 그 토대가 견고해집니다.

이렇게 말하면 '역시 암기는 어려운 일'이라고 생각할지 모르겠습니다. 하지만 반복이 귀찮은 일만은 아닙니다. 두 번, 세 번 반복하는 사이에 효과는 그 몇 배로 늘어나고, 거기에서 느끼는 기쁨이 분명 있기 때문입니다.

나는 실제로 암기를 반복하는 사이에 다음과 같은 점을 직접 확인할 수 있었습니다.

반복하는 중에 '외워야 할 핵심 내용'을 구분할 수 있게 된다.

대부분의 교과 내용은 앞에 나온 것을 토대로 다음 내용이 진행되기 때문에 앞에 것을 잘 외워두면 뒤로 갈수록 점차 공부가 수월해져서 속도가 붙습니다.

"맞아! 이건 전에 외운 내용이군." 무릎을 치면서 새로운 발견을 하게 됩니다. 이것이 반복되면 자극이 생기고 암기는 더더욱 쉬워집니다.

이러한 효과에 의해 반복은 전혀 어렵지 않은 일이 되고, 귀찮다는 생각도 점점 사라지게 됩니다. 따라서 무조건 반복하는 것이 싫다고 거부할 이유가 없습니다.

자, 얼마든지 반복해서 해보자!

잠깐만! 그렇더라도 하나의 내용에 들이는 반복 횟수가 적으면 적을수록 더 많은 내용을 외울 수 있습니다. 불필요한 반복은 할 필요가 없습니다.

반복은 쉽지 않은 일이지만 효율적인 암기를 위해서는 꼭 필요합니다. 그렇게 하기 위해서는 자신의 **공부 습관**을 다시 생각해 볼 필요가 있습니다.

2. 잠들기 전의
시간 활용법

암기를 잘하는 데 가장 중요한 생활습관은 무엇일까요?

그것은 바로 '숙면'입니다.

인간은 잠을 잘 때 머릿속에 들어온 정보를 확실하게 뇌에 저장한다고 합니다. 뇌 전문가인 이케다니 유지 박사는 다음과 같이 말했습니다.

뇌는 수면 중에 여러 가지 형태로 과거의 기억과 정보의 조합들을 검토하고 정리한다.

그 정리 작업의 결과 나타나는 것이 '꿈'입니다. 여러분들은 꿈을 꿉니까? 난 꿈 같은 것은 꾸지 않는다고 말하는 사람도 있지만, 그것은 단지 잊어버린 것뿐입니다. 모든 사람이 자는 동안 꿈을 꾼다는 사실은 실험으로 이미 증명되었습니다.

다시 말해서, 깨어 있을 때 일어난 일을 복습하고 잊지 않도록 하는 작업이 꿈의 기본 기능입니다. 녹화한 DVD를 작동시켜 재생하고 일시적인 기억을 장기적인 기억으로 남기기 위하여 편집 작업을 하는 것입니다.

이 단계에서 '이 정보는 중요하지 않아!'라고 뇌가 판단하면 그 정보는 버려집니다. 아니면 뇌 속에 있는 저장 창고에 깊숙이 보관되거나 기억나지 않는 곳에 넣어질 수도 있습니다.

그러면 오늘 낮에 학교나 학원에서 '중요하니까 반드시 기억하도록!' 하며 배운 내용이 있다고 해봅시다. 이 정보는 뇌에 어떻게 저장될까요? 시험에 대비한 중요한 정보니까 잊지 않도록 가장 중요한 항목으로 기억된다고 자신 있게 말할 수 있을까요?

아마 말할 수 없을 것입니다. 왜냐하면 누구나 잊어버리는 속도가 정해져 있기 때문입니다.

망각곡선은 이미 100년쯤 전에 에빙하우스라는 심리학자가 내놓은 이론입니다. 그 수치를 보면 놀랄 정도입니다.

- 기억한 뒤 20분이 지나면 42%를 잊어버린다.
- 1시간 지나면 56%
- 9시간 지나면 64%
- 하루 지나면 74%

● 6일이 지나면 77% 가까이 잊어버린다.

그렇다면 오후 2시에 학교에서 중요한 내용을 듣고, 집에 와 밤 11시쯤 잠자리에 들면 뇌의 '편집 작업'이 시작될 때의 정보량은 어느 정도가 될까요?

겨우 36%에 지나지 않습니다. 이래서는 제대로 기억하고 있다고 말할 수 없습니다. 이 망각곡선은 개인차도 거의 없다고 합니다. 성적이 좋은 사람, 나쁜 사람 모두 비슷합니다. 따라서 '나는 기억력이 나빠서 공부를 못해'는 틀린 말입니다.

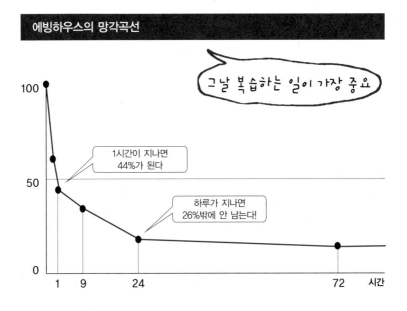

에빙하우스의 망각곡선

그날 복습하는 일이 가장 중요

1시간이 지나면 44%가 된다

하루가 지나면 26%밖에 안 남는다!

그러면 어떻게 해야 공부한 내용을 제대로 기억할 수 있을까요? 문제 해결은 간단합니다.

잠들기 1시간 전부터, 늦어도 20분 전에는 공부한 내용을 대충 훑어봅니다. 그렇게 하면 낮에 공부한 내용을 다시 떠올리게 되고 중요한 부분을 그대로 기억해내 뇌의 편집 작업으로 넘겨줄 수 있습니다.

즉, 자기 전 그날 공부한 내용을 대강 복습하든가 싫어하는 영어 단어를 기억해보는 방법이 효과적입니다.

반대로 아침에 일어난 직후에는 암기를 제외한 다른 공부를 하는 것이 적절합니다. 왜냐하면 자는 동안 그때까지의 정보들이 정리되어 암기해야 할 내용이 뇌에 저장되어 있기 때문에 응용한 것을 공부하기에는 적당하지 않습니다. 깨끗하게 머릿속이 정리되어야 제대로 생각을 할 수 있기 때문입니다.

그래서 논술을 써보든가 사회인이라면 아이디어를 생각해보는 것이 이 시간대에 할 수 있는 가장 적당한 일입니다.

자기 전의 복습은 어려운 일이 아닙니다. **기억해내는 일 자체기** 때문에 그날 노트한 내용을 대강 훑어보는 정도로도 충분합니다. 그런 습관을 갖는 것만으로도 암기 효과는 몰라보게 늘게 됩니다.

3. 1주일 후, 1개월 후에 복습한다

물론 자기 전에 기억을 불러냈다고 100퍼센트 그대로 기억이 유지되지는 않습니다. 기억하는 것은 많아지지만 역시 잊어버리는 부분이 있습니다.

그렇기 때문에 기간을 두고 반복해주는 일이 중요합니다. 그렇다면 효과가 좋은 반복이란 어떤 것인지 살펴봅시다.

1주일×1개월

이 두 기간을 적절하게 활용하면 암기 효과는 눈부시게 상승합니다. 그래서 '1주일째 되는 시점에 반복'을 하는데 이것도 전혀 귀찮아 할 필요가 없습니다. 자기 전에 하듯이 간단하게 훑어보면 그만입니다. 필기한 내용을 다시 보는 정도로 충분합니다.

단, 1주일 기간을 두고 하는 복습을 효율적으로 하고 싶다면 보다 핵심을 정리하는 것이 좋습니다. 예를 들어, 그날의 복습에서 중요한 곳과 자신이 어렵다고 생각한 내용에 표시를 합니다.

그리고 1주일 후 그 중요 포인트만 집중해서 확인합니다.

1주일 단위로 반복 기간을 나누는 것은 앞의 망각곡선에서도 봤듯이 완벽하게 외운 것도 시간이 지나면 잊어버리기 때문입니다. 따라서 잊어버릴 때쯤 다시 한 번 기억을 상기시켜주기 위함입니다. '간단한 복습'은 기억을 보다 단단하게 해줍니다.

1주일이라면 주말의 휴일을 포함해 상당한 시간 여유가 생길 수 있습니다. 간단하게 훑어보는 것으로는 부족하다고 생각하는 사람은 이 시기에 암기 노트와 암기 카드를 만들어보는 것도 도움이 됩니다.

이때 하게 되는 다시 '써보기'는 그동안 애매했던 내용을 정확하게 확인하는 기회가 되기도 하고, 앞으로 나올 공부 내용에도 도움이 됩니다. △나 ×표시를 해두었던 부분과 중요한 내용만을 골라 자신만의 공부교재를 만듭니다.

이 시간을 다른 공부에 활용하는 것도 역시 중요합니다. 자신에게 맞는 방법이 가장 좋은 방법입니다. 자신만의 계획표를 만들어봅시다.

그리고 '1개월'이라는 기간이 있습니다.

이 기간에는 보다 자세한 복습을 합니다. 노트를 그냥 보는 것만이 아니라 자신의 이해력을 확인하고 모르는 내용에 표시를 합니다. 암기가 완벽하게 되었는지 확인해봅니다. 여러 가지 문제를 적극적으로 풀어보는 것도 효과적입니다.

이 시기의 복습이 중요한 이유는 '뇌'와 '정보'의 연관 관계가 형성되기 때문입니다. 지금까지는 '기억한다→잊는다'는 행위를 반복해온 정보가 드디어 일상적으로 반응할 수 있는 완벽한 암기로 전환되기 때문입니다. 드디어 기억은 당신의 머릿속에 확실하게 자리 잡기 시작합니다.

반대로 이 1개월이라는 시간을 놓치면 다시 처음부터 시작해야 할 상황에 놓일 수도 있습니다. 평소에 카드와 암기 노트를 만들면서 도전해보거나, 자기 전에 공부한 내용을 다시 한 번 확인해두면 '완전히 잊어버리는 일'은 없을지 모릅니다.

단, 입시 준비를 위해 문제집을 풀다보면 예전에 풀었던 문제인데도 잊어버리는 경우가 있습니다. 중요한 사실은 단순히 문제를 푸는 것이 아니라 '또 틀렸네!' 또는 '아직도 모르는구나!' 등 머릿속에 충격을 주는 일입니다.

그래서 '이번에야말로 반드시 외운다!'고 생각하면 뇌 역시 그대로 암기 기법을 개선시켜줍니다. 따라서 1개월 후의 복습을 유효적절하게 활용합시다.

4. 소리를 이용해 집중한다

　암기력의 열쇠는 집중력입니다. 공부뿐 아니라 스포츠나 게임, 사회인이라면 일에서도 집중력이 있는 사람이 역시 뛰어난 능력을 발휘합니다.

　"싫은 공부에 어떻게 집중력을 발휘할 수 있나요?"라고 말하는 근본적인 문제를 안고 있는 사람이 있을 수도 있습니다.

　하지만 스스로 집중력을 조절하는 방법은 얼마든지 있습니다! 가장 간편한 방법 중 하나가 소리입니다. 여러분은 공부를 할 때 음악을 듣거나 라디오를 틀어놓는 습관이 있나요?

　그러나 이런 습관은 암기를 위해서는 좋지 않습니다. 불필요한 정보가 머릿속에 들어가기 때문입니다. 의식하지 않더라도 음악이 흐르고 있으면 뇌는 그쪽에 반응을 합니다. 무의식적으로 음악과 라디오 소리를 듣게 됩니다. 그래서 공부를 하고 있더라도 머릿속에 들어가는 정보는 제한됩니다. 실제로 집중해서 암기를 하려고 해도 '들으면서' 할 때와 그렇지 않을 때는 확실한 차이가 납니다.

사실 자고 있는 동안에도 가까운 곳에서 소음이 끊임없이 들리는 것과 조용한 곳에서 자는 것과는 피로도에서 어느 정도의 차이가 발생한다는 실험 결과도 있습니다. 실감하지 못할 수도 있지만 TV를 켜놓고 잘 때와 조용한 방에서 잘 때를 비교하면 피로도에서 차이가 납니다.

즉, 뇌는 소리가 날 경우 자연적으로 그 소리에 반응을 합니다. 자고 있는 동안에는 기억의 편집 작업을 하고 있기 때문에 당연히 영향을 받게 됩니다. 따라서 기억하고 싶은 내용이 있는 사람은 가능한 조용한 장소에서 자는 것이 좋습니다.

그렇다면 아무런 소리도 나지 않는 것이 좋을까요? 반드시 그렇지만은 않습니다. 수면 전문가인 이와타 아리치카 씨의 말에 따르면 30데시벨 이상의 소리가 나는 곳에서 자면 영향을 받는다고 합니다. 이것은 도서관 안보다 더 조용한 상태를 말합니다.

완벽한 무음 상태나 음향이 없는 실내에서는 오히려 긴장감이 발생한다고 합니다. 이것은 공부할 때 역시 마찬가지입니다. 전혀 소리가 없는 무음 상태에서의 인간은 오히려 집중할 수 없습니다. 시계 초침 소리라든가 조용히 문을 열고 닫는 소리, 책을 넘기는 소리 등 자연스러운 소리가 있는 것이 좋습니다.

일설에 의하면 인간의 유전자에 들어 있는 본능은 무음 상태를 오히려 경계의 신호로 받아들인다고 합니다. 자연계에서 '완전히 소리가 없는' 순간은 존재하지 않습니다. 언제나 바람 소리와 자신의 숨소리 정도 등은 있게 마련입니다. 어느 정도의 작은 소리가 날 때 비로소 인간은 집중할 수 있다고 합니다.

따라서 자연의 작은 소리는 오히려 집중력을 높여줍니다. 빗소리와 시냇물 소리는 특히 효과적이라고 합니다. 이것을 공부할 때 적극적으로 활용해봅시다.

비오는 날은 암기하기 위한 절호의 기회라고 생각한다거나 가까운 곳에 강물이 흐르면 휴일에는 야외를 찾는 것도 암기를 위해 좋은 방법입니다.

지금은 긴장을 풀기 위한 도구로 자연의 소리를 녹취한 CD도 많이 나와 있습니다. 음악이 없으면 집중할 수 없다는 사람들은 그런 CD를 사용해보는 것도 좋습니다.

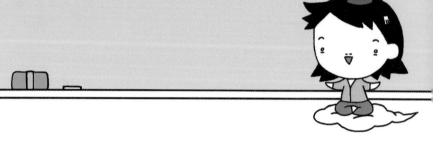

5. 당일치기의 놀라운 효과

　앞에서 소리로 집중력을 조절하는 방법에 대해 이야기했는데 이 이외에도 방법은 많습니다. 그 중에서도 내가 잘 사용한 것은 '당일치기'입니다.

　시험을 앞둔 경우 3일 전과 시험 바로 전날 가운데 언제 더 집중할 수 있을까요? 말할 필요도 없이 바로 전날입니다. 즉, 공부해야만 한다는 위기감이 강할수록 집중력은 높아집니다. 절체절명의 순간 괴력이 발휘되는 것과 비슷한 이치입니다.

　그렇다면 시험 전날까지 공부하지 말고 당일치기로 밤을 새우면 될까요? 대답은 "절대 아니오"입니다. 평소 암기를 반복하고 복습을 해야 암기력이 강화됩니다. 따라서 평상시 해두는 공부가 훨씬 중요합니다.

　밤새기는 암기에 가장 좋지 않은 방법입니다. 왜냐하면 앞에서도 설명했듯이 자고 있을 때 기억은 안정적으로 뇌 속에 저장되기 때문이다. 자지 않으면 머릿속에 집어넣은 내용은 곧바로 잊혀집니다. 그러나 시험 전날 저녁에 집중할 수 있는 것은 '내일이 시험이다!'라는 목적과 기한이 명확하기 때문입니다.

다시 말해서, **기한이 정해진 목표**를 만들어 당일치기를 어느 정도 활용할 수 있는 것입니다.

수험생이라면 입시라는 기한이 정해진 목표가 분명 있습니다. 하지만 아무리 그렇더라도 몇 개월 전부터 당일치기 체제를 유지하기란 불가능합니다.

그러므로 좀더 작은 '기한이 정해진 목표'를 여러 개 설정해두면 도움이 됩니다.

예를 들어, '이번 일요일까지 현재완료형을 완전히 마스터한다' 또는 '문제집 몇 장을 다음 주 중까지 완벽하게 풀어본다' 등 작은 것이라도 목표를 정해 시도해봅니다.

그리고 만든 목표를 종이에 써서 책상 앞에 붙여놓고 중간중간 체크한다면 더 좋습니다.

이렇게 시험 전에 '좋아! 해보자!'라는 자세로 달려드는 적극적인 습관이 있으면 실전에서도 집중하는 데 문제가 없습니다.

다음은 기분입니다. 시험 전에 '공부해야만 해'라는 위기감이 나타나는 것은 좋은 점수를 얻고 싶다는 생각이 있기 때문입니다. 그래서 평상시에 공부할 때도 '이것을 외워야 합격할 수 있다'고 생각하면 당일치기 암기법의 효과가 나타납니다.

그렇게 해서라도 '시험을 통과해야 한다' 또는 '대학에 들어가고 싶다'는 기분을 강하게 가져야 합니다. 미래 자신의 모습을 떠올려 보면서 의욕을 불태워봅시다.

6. 실패는 행운이다!

　2단계와 4단계에서는 경험과 연결 지으면 기억이 강화된다고 설명했습니다. 이것은 경험 자체보다도 자신이 어떠한 감정을 가졌기 때문에 '충격을 받은 것'이 커다랗게 영향을 미쳤다는 말입니다. 따라서 우리는 즐거운 추억과 괴로운 경험을 오래도록 기억하게 됩니다. 그래서 기쁨, 후회 같은 감정을 느끼는 일이 중요합니다. 후회가 될 때는 마음껏 후회하고 기쁠 때 역시 마음껏 기뻐해야 합니다. 시험공부를 할 때야말로 감정에 민감해져야 합니다.

　어쨌든 내가 생각하는 것은 안 좋은 체험을 좀더 중요하게 받아들이라는 점입니다. 시험에서 안 좋은 점수를 받으면 보통은 충격을 받습니다. 이제 이런 문제는 다시는 보고 싶지도 않다고 생각하며 도망치려는 사람도 있습니다. 하지만 이런 실패야말로 기회가 됩니다. 충격이 자극이 되어 보다 강한 인상이 남기 때문입니다.

실패는 성공의 어머니라는 말은 암기에도 그대로 적용됩니다. 물론, 틀린 내용을 중점적으로 공부한다는 전략적인 의미도 들어 있지만 '내가 틀렸던 내용이다'라는 인식을 할수록 다음에는 확실하게 기억할 가능성이 커집니다.

괴롭다 또는 후회스럽다는 기분이 강할수록 나중에 분명히 유리해집니다. 그러니 시험에서 안 좋은 점수를 받았다면 무리해서라도 '강력하게' 후회의 감정을 느껴봅시다.

"50점이라니! 왜!"라고 소리를 지르며 시험지를 마구 구겨서 던져보기도 합시다. 그 정도로 후회를 느껴보라는 뜻입니다. 물론 구겼던 해답용지는 잘 챙겨서 꼭 복습을 해야 합니다.

실패 경험을 가능한 많이 가져야 합니다. 예를 들어, 모의고사에 적극적으로 참가하는 것도 좋고 문제를 될 수 있는 한 많이 풀어보는 방법도 좋습니다. 아니면 4단계에서 언급한 대로 부끄러움을 무릅쓰고 다른 사람에게 묻는 방법도 있습니다.

실패하면 할수록 그 결과가 다음의 변화에 이어질 수 있습니다. 실패했다고 실망만 하지 말고 그 기분을 중요하게 여기고 다음에 할 공부에 연결되도록 합시다.

7. 짧게, 빠르게 한 뒤에는 편하게 쉬자

마지막으로 공부시간을 체크해봅시다.

일반적으로 공부한 시간이 많으면 많을수록 성적은 올라갑니다. 그러나 이것은 오랜 시간 계속한다는 뜻이 아닙니다. 여기서 이 의미에 대해 확실하게 짚고 넘어가겠습니다.

여러분! 오랜 시간 공부하는 것은 좋지 않습니다!

중요한 사실은 다음 공식을 분명히 기억하고 있어야 한다는 점입니다.

암기 = 효율 × 시간

다시 말해서, 같은 시간이라도 효율적으로 공부하는 시간을 늘려가면 성적은 올라가게 마련입니다.

그렇다면 왜 연속해서 오랜 시간 공부하는 일이 좋지 않을까요? 답은 간단합니다. '질리기' 때문이지요.

공부가 질리면 어쩔 도리가 없습니다. 암기 효율은 자꾸 나빠지고 책상 앞에 붙어 있어도 소용없습니다. 오래 공부했는데도 성적은 안 오릅니다. 뇌가 피곤해서 오히려 공부 효과는 떨어집니다. 공부가 지루하게 느껴진다는 것은 암기 효율이 좋지 않다는 신호라고 생각해도 좋습니다. 그러면 어떻게 해야 좋을까요?

지루해질 때는 잠시 휴식을 취하거나, 다른 암기 방법을 시도해서 변화를 주거나, 과목을 바꿔주는 방법 등 기분 전환을 하는 것이 필요합니다. 그래도 공부가 지루해지고 질리면 어떻게 할까요?

그렇다면 두말할 필요 없이 그냥 노세요!

'열심히 공부하고, 열심히 놀아라!' 하는 말이 있습니다. 사실 노는 일도 아주 중요합니다. 영어로 말하면 'All work and no play makes Jack a dull boy(공부만 하고 놀지 못하면 바보가 된다)'이지만 역시 적당히 노는 것이 뇌를 활성화시키는 데 아주 중요합니다.

물론 놀기만 하고 공부는 뒷전으로 밀어내어 본말이 전도되어서는 안 됩니다. 시간을 정해 공부와 기분 전환을 적절하게 조화시킬 필요가 있습니다. 인간의 집중력은 대략 2시간 정도 유지될 수 있다고 합니다. 나도 그 정도로 유지할 자신이 없기 때문에 그

시간보다 더 짧게 시간을 나누어 공부할 내용을 정하고 최대의 효과를 올리려고 노력했습니다. 시간 간격은 짧아도 횟수를 많이 늘려 보충하는 방법이 효과적이라고 생각합니다.

다음과 같은 시간표라면 즐겁게 따라할 수 있습니다.

㉠ 우선 영어 문법 20문제 정도로 가볍게 준비운동

㉡ 장문의 영어 독해를 50분 정도

㉢ 10분 정도 휴식을 취하며 친구와 메일

㉣ 다시 시작하기 전에 영어 단어 암기 카드 5장 외우기

㉤ 영어가 지루해졌으므로 좋아하는 국어 문제집을 2페이지 정도 풀기. 좋아하는 과목이기 때문에 술술 풀면 15분 정도 걸림

㉥ 체크를 한 후, 세계사 암기 카드를 15분 정도 훑어보기

㉦ 10분 정도 휴식을 취하면서 차를 마시고 기분을 바꿔서 다음은 어렵다고 생각하는 수학 문제를 풀기. 2개 정도 풀고 어려움을 실감

㉧ 중간 휴식시간을 포함해 1시간 공부. 좋았어!

㉨ 마지막으로 앞에서 외운 암기 카드를 한 번씩 훑어보고 마침

줄기차게 공부만 하는 것도 별로 좋은 방법은 아니라고 생각합니다. 이해하고 있는 내용의 확인이라면 아주 간단하게 훑어보는 것만으로도 좋고 잊어버리지 않게 하기 위해서는 계속해서 반복하는 일이 중요합니다. 완벽한 이해도, 암기도 필요 없습니다. 우

선은 '대략 감을 잡는' 쪽에 신경을 써야 합니다.

요령이란 바로 이런 것이라고 생각합니다. 재미없는 공부를 끈기와 근성으로 오래도록 할 필요는 없습니다. 반대로 재미있는 것이 기억에 오래 남기 때문입니다.

누가 뭐래도 하기 싫다고 생각한다면 오히려 공부 그 자체를 즐겁게 하는 방법을 생각해볼 필요가 있습니다. 이 책에서도 몇 가지는 소개했는데, 나 역시 '공부가 싫어!' 하는 생각이 들지 않도록 노력했을 뿐입니다.

재미있고, 즐겁게, 효율적으로 '짧은 시간에 최대의 효과를 낼 수 있는 암기법'이라는 목표를 정해보기 바랍니다.

중요한 것은 '목표'입니다. 여러분이 목표로 삼고 즐겁게 노력하면서 이루어갈 수 있는 꿈은 어떤 것일까요? 암기란 그 꿈의 실현을 위한 하나의 방법에 불과합니다.

암기는 최종 목표가 아닙니다. 암기를 통해 실현하는 본질이 중요한 것입니다. 꿈을 이루기 위한 과정인 암기 방법 습득에 필요 이상으로 매달리는 것은 무의미합니다. 방법을 요령 있게 익혀서 자신의 꿈을 추구해갔으면 좋겠습니다.

'행운은 성공을 낳고 성공은 의무를 낳는다.'

굉장히 좋아하는 문장입니다. 나에게는 가족과 친구들 그리고 선생님과 혜택 받은 환경이라는 행운이 있었기에 바라고 또 바라던 도쿄대에 합격할 수 있었습니다. 현실에 감사하는 마음으로

늘 주변 사람들에게 어떻게 보답할까를 생각해왔습니다. 물론 합격으로 모든 게 끝난 것은 아닙니다. 스스로도 아직 아무것도 이루지 못한 작은 존재라고 느끼며 오히려 앞으로 펼쳐질 인생이 진짜가 아닌가라는 생각을 해봅니다. 앞으로 사회에 나가 무엇인가를 이루며 사람들에게 보답하는 것이야말로 진정으로 해야 할 일이라고 생각합니다. 부끄럽지만 이 책이 그 첫걸음이 된다면 더 바랄 나위가 없겠습니다.

암기란 핵심만 붙잡으면 간단한 문제입니다. 나만 특별한 방법을 사용하는 것이 아닙니다. 특별한 내용을 설명한 것도 아닙니다. 그러나 암기 방법으로 고민하고 있는 사람이 많은 것도 현실입니다.

외울 수만 있다면 입학시험뿐 아니라 자격시험, 입사시험 그리고 일 등에서의 협상과 프레젠테이션 예비지식 습득 같은 일에도 여러 가지 도움이 됩니다. 인생이 즐겁고 가능성이 커집니다. 흥분되지 않습니까?

그런 기쁨을 맛보기도 전에 암기 때문에 좌절한다면 얼마나 슬픈 일입니까. 그래서 단순한 수험서는 쓰고 싶지 않았습니다.

암기에 대한 방법론을 소개해서 수험생뿐 아니라 사회인들까지도 자신들의 목표를 실현하는 데 도움을 얻을 수가 있다면……

하는 생각으로 과감히 펜을 들었습니다.

　도움을 주신 소중한 지인들께 감사의 뜻을 전하고 싶습니다. 독자분들이 이 책을 계기로 꿈을 실현시킬 수 있다면 저자로서 그 이상의 기쁨은 없을 것입니다. 이 책을 읽는 모든 분이 '암기' 덕분에 '행복'을 맛볼 수 있기를 진심으로 기원합니다.

　마지막까지 읽어주신 독자 여러분들께 다시 한 번 감사의 말씀을 드립니다.

2006년 3월
도쿠다 와카코